AF570625

THOMAS ZEHETNER

EUROPA IM SCHWITZKASTEN

Gedruckt mit freundlicher Unterstützung von Stadt Wien Kultur.

Grafische Gestaltung: Buntspecht, Wien
Umschlagabbildung: © Pridannikov/iStockphoto
Druck und Verarbeitung:
FINIDR, s.r.o., Český Těšín
ISBN 978-3-7117-2151-8

Informationen über das aktuelle Programm des Picus Verlags und Veranstaltungen unter
www.picus.at

THOMAS ZEHETNER

EUROPA IM SCHWITZ KASTEN

IN DEN STÜRMEN VON KLIMAKRISE UND WELTPOLITIK

PICUS VERLAG WIEN

Für meine Söhne David und Alexander

INHALT

Du hast keine Chance, aber nutze sie!
HERBERT ACHTERNBUSCH,
Die Atlantikschwimmer

EINLEITUNG

Als ich am 24. Februar 2022 vor dem Fernsehgerät die Bilder des russischen Einmarsches in die Ukraine verfolgte, war schnell klar, dass dieser Tag Europa von Grund auf verändern würde. Russische Raketen bombardierten ukrainische Städte, Millionen Menschen flüchteten in Richtung Westen und die Gefahr einer militärischen Eskalation schwebte über Europa. Gleichzeitig stellte der Krieg die weltweiten Energiemärkte auf den Kopf, die Preise für Öl und Gas schossen in die Höhe und das umstrittene Pipelineprojekt Nord Stream 2 wurde gestoppt. Verunsicherung machte sich breit, wie lange noch russisches Erdgas fließen würde und wie Europa durch den nächsten Winter kommen sollte. Der ohnehin geplante Ausstieg aus Erdgas wurde auf einmal zu einer moralischen Frage, und wir Europäer waren damit konfrontiert, wie lange wir noch das russische Regime mit unseren Devisen unterstützen wollten. Die lange gehegte Formel vom »Wandel durch Handel«, mit dem Russland enger an den Westen gebunden werden sollte, erschien über Nacht wie ein Relikt aus einer vergangenen Zeit. Kurzum, der Ukraine-Krieg legte offen, dass das fossile Wohlstandsmodell Europas an sein Ende gelangt war. Innerhalb weniger Tage wurde das eingeläutet, was wir heute unter der »Zeitenwende« verstehen.

Etwas mehr als ein Jahr später, am 20. März 2023, stellte der Weltklimarat seinen neuesten Bericht vor, den Tausende Wissenschaftlerinnen und Wissenschaftler über einen Zeitraum von acht Jahren erstellt hatten.[1] Der Generalsekretär der Vereinten Nationen, António Guterres, bezeichnete die Ergebnisse des Weltklimarats als »Akte der Schande«, als eine Auflistung leerer Versprechen der Weltgemeinschaft, die uns auf den Weg in eine unbewohnbare Welt führen. Guterres nutzte seinen eindringlichen Appell dazu, klare Forderungen an die Industrieländer zu stellen. Diese sollten schon bis 2040 ihre Emissionen auf Netto-Null reduzieren. Für neue Öl- und Gasprojekte dürfe es keine Genehmigungen mehr geben und existierende Öl- und Gasprojekte dürften nicht ausgeweitet werden. Andernfalls wären laut Weltklimarat die Folgen für Europa verheerend: häufigere und intensivere Hitzewellen, vermehrte Trockenheit und Wasserknappheit. Es wären auch Regionen in Zentraleuropa betroffen, wo derartige Ereignisse bisher unbekannt waren. Und die bereits jetzt sichtbaren Auswirkungen der Erhitzung wie Überschwemmungen, Murenabgänge oder Ernteausfälle würden weiter zunehmen – auch bei uns.

Diese beiden Ereignisse sind Kristallisationspunkte für die Lage, in der sich Europa derzeit befindet, und Ausgangspunkt für dieses Buch: »Europa im Schwitzkasten«. Damit sind zunächst die sich zuspitzenden Folgen der Erderhitzung auf Europa und die wachsende Klimaangst in weiten Teilen der Bevölkerung gemeint. »Europa im Schwitzkasten« dient auch als Schlagwort für die Rückkehr des Krieges nach Europa und die damit einhergehende Herkulesaufgabe, nicht nur vom russischen Gas, sondern auch von fossilen Energiequellen insgesamt unabhängig zu werden. Kann die Energiekrise in Folge des Ukraine-Kriegs ein Katalysator für mehr Klimaschutz sein oder verliert Klimaschutz mehr und mehr an Rückhalt in breiten Teilen der Bevölkerung, die sich von Klimaprotesten genervt zeigt

1 IPCC, AR6 Synthesis Report Climate Change 2023, https://www.ipcc.ch/report/ar6/syr/.

und sich mit den Folgen der Teuerung herumschlagen muss? Nicht zuletzt geht es in »Europa im Schwitzkasten« um die geopolitischen Spannungen zwischen den USA und China und die schwierige Rolle Europas im Kreuzfeuer zwischen diesen beiden Großmächten im Rennen um die globale Vormachtstellung. Es ist ein Appell für ein Ende der Naivität in der EU und für ein Hinwenden zu einem stärkeren strategischen Denken.

Energie und Geopolitik sind eng miteinander verwoben. Die Versorgung mit Energie prägt seit Langem die Weltpolitik. Jede internationale Ordnung in der modernen Geschichte basierte auf einer Energieressource: Kohle war die Grundlage für das britische Weltreich im 19. Jahrhundert, Öl stand im Mittelpunkt des darauffolgenden »amerikanischen Jahrhunderts«, und heute erwarten viele, dass China im 21. Jahrhundert die Supermacht der erneuerbaren Energien wird. Auch die globale Energiewende wird nicht zum Ende des Ringens um Macht und Einfluss führen, sondern vielmehr zu einer grundlegenden Umgestaltung. In der neuen Ära der Energieunsicherheit werden alle Staaten versuchen, politische und wirtschaftliche Vorteile aus diesem Umbruch für sich herauszuschlagen. Auf der einen Seite können gerade die europäischen Staaten, die derzeit auf die Einfuhr von Öl und Gas angewiesen sind, ihre Energiesicherheit stärken und die frei gewordenen Mittel in die Schaffung von neuen Arbeitsplätzen investieren. Auf der anderen Seite wird für die öl- und erdgasexportierenden Länder eine Phase der Instabilität folgen, durch die sie gezwungen sind, sich neu zu erfinden, um in der Umbruchszeit nicht auf der Strecke zu bleiben. Diese Entwicklungen werden alles andere als geradlinig sein. So führen für Europa die Bemühungen, weniger abhängig von Öl und Gas zu werden, zu einer steigenden Abhängigkeit von China, dem wichtigsten Produzenten von Solarpaneelen, Batterien und den für die Energiewende nötigen kritischen Rohstoffen. Gerade Klimatechnologien werden in den nächsten Jahren zu einer neuen Arena im globalen Wettstreit, bei dem es für Europa gilt, in diesem sich abzeichnenden »Grünen Kalten Krieg« nicht auf der Strecke zu bleiben.

Die »Geopolitik der Energiewende« wird die internationale Politik auf absehbare Zeit bestimmen. Wir befinden uns in einer Phase der Weltunordnung, in der der Wettbewerb zwischen den verschiedenen Weltgegenden immer schärfer wird. Die Veränderungen durch die Klimakrise wirken wie ein zusätzlicher Brandbeschleuniger und können bestehende Spannungen und Konflikte weiter verstärken. Besonders verwundbar gegenüber diesen Klimarisiken sind viele Staaten des Südens. Dazu gehören große Teile Afrikas, die Inseln im Pazifik oder die Staaten Südostasiens. Das sind gleichzeitig jene Regionen, die historisch gesehen am wenigsten Treibhausgase ausgestoßen haben, jetzt am stärksten von der Klimakrise betroffen sind und nicht über ausreichende Mittel verfügen, sich gegen die drohenden Folgen zu wappnen. Aus europäischer Perspektive ist es nur zu einfach, den Zorn des Südens auf die im Vergleich reichen Länder des Nordens zu unterschätzen. Diskussionen um die Bedeutung von Klimagerechtigkeit werden daher zunehmend eine Rolle spielen. Europa wird dem Globalen Süden in einer heißer werdenden Welt ein besseres Angebot machen müssen, um etwas gegen diesen Mangel an Vertrauen zu tun.

Mehr als dreißig Jahre nach dem Fall der Berliner Mauer steht Europa damit erneut vor einem massiven Systemwandel. Die immer dringlicher werdende Klimakrise macht eine Abkehr von unserer Wirtschaftsweise und unserem gewohnten Lebensstil nötig. Ein solcher Wandel umfasst alle Lebensbereiche: den Ausstieg aus den fossilen Energieträgern Kohle, Öl und Gas, den massiven Ausbau von Solarenergie und Windkraft bis hin zu einem veränderten Mobilitätsverhalten. Die Liste ist ebenso lang, wie die Aufgabe komplex ist.

Klima, Energie und Ressourcen sind die dominierenden Themen unserer Zeit. Viele entscheidende Fragen – von Demokratie bis Ungleichheit oder Migration – sind damit eng verknüpft. Es mag pathetisch klingen, aber ob es die Weltgemeinschaft schafft, eine nachhaltige Ökologisierung zu entwickeln, davon hängt ganz wesentlich die Zukunft der Menschheit ab. Wir befinden uns demnach in einer historischen Phase, in der klar ist, dass wir nicht weitermachen können wie bisher, aber das Bild unserer Zukunft noch nicht klar gezeichnet ist. Die Argumente der alten Welt haben ihre Strahlkraft eingebüßt, die Vorstellung der neuen ist verschwommen. Zugleich erscheinen unsere Strukturen ebenso festgefahren wie zerbrechlich. Viele Lösungsansätze liegen auf dem Tisch, aber es ist offen, ob wir als Gesellschaft den Umbau hinbekommen.

Umbrüche gab es auch in der Vergangenheit. Bei der jetzigen Energiewende stehen wir durch die Klimakrise unter besonderem Zeitdruck. Es ist eine industrielle Revolution im Schnelldurchlauf. Das macht diesen Umbruch zum größten Systemwandel in unserer Wirtschaft seit 1989. Das Ausmaß des erforderlichen Wandels mag in der Tat entmutigend erscheinen. Dabei sollten wir allerdings nicht vergessen, dass in der Vergangenheit das Tempo des Wandels oft unterschätzt wurde. Das Weltwirtschaftsforum in Davos hat darauf hingewiesen, dass sich die Vorhersagen für die Fortschritte bei den wichtigsten Technologien der Energiewende immer wieder als viel zu konservativ erwiesen haben. Gerade das Wachstum der Solarbranche wurde in den letzten beiden Jahrzehnten dramatisch unterschätzt, Prognosen mussten laufend nach oben korrigiert werden. Diese Dynamik des sich gegenseitig verstärkenden technologischen Fortschritts und der Kostensenkung, die in vielen Ländern vorangetrieben wird, ist immer wieder zu beobachten.

Die Welt hat auch bisher bewiesen, dass sie mit gemeinsamem Handeln schwierige Aufgaben schnell bewältigen kann. Im Jahr 1987 wurde ein internationaler Vertrag zwischen allen UNO-Staaten, das Montrealer Protokoll, verabschiedet, um das ozonschädigende FCKW (Fluor-Chlor-Kohlenwasserstoff) zu verbieten. Im Jahr 2014, also weniger als dreißig Jahre später, sind die ozonabbauenden Stoffe um etwa 99 Prozent zurückgegangen. Natürlich ist die Verminderung von Kohlendioxid ungleich komplexer. Die Einigung beim Verbot von FCKW kann uns aber heute insofern ein Vorbild sein, als dass es eine echte Teamleistung war: Die Wissenschaft hat die Fakten geliefert, die Zivilgesellschaft und die Medien haben eine wichtige Rolle bei der Bewusstseinsbildung gespielt, die Wirtschaft hat innovative Lösungen entwickelt, um weniger schädliche Chemikalien zu verwenden, und vor allem hat die Politik die nötigen Entscheidungen getroffen. Aus Beispielen wie diesem speist sich die Vision, dass wir in dreißig Jahren zurückschauen werden und dann die fossilen Energieträger – also Kohle, Öl und Gas – genauso der Vergangenheit angehören werden wie heute FCKW. Die Wissenschaft ist klar, alle Lösungen liegen auf dem Tisch. Zurückblickend vergisst man allzu schnell, dass es auch damals Widerstände gab. Die notorischen Bremser meinten, dass sich so schnell nichts machen lasse, und vonseiten der Industrie hieß es, dass man ohne FCKW keine Kühlschränke bauen könne. Genauso wie heute gab es auch damals Neinsager – und trotzdem war ein Umstieg möglich.

Eine ähnliche Erfolgsgeschichte ist die Entwicklung eines effektiven Impfstoffes im Jahr 2020 gegen die grassierende Covid-Pandemie. In weniger als zwölf Monaten konnte ein sicherer und wirksamer Impfstoff auf den Markt gebracht werden.

Der Impfstoff, der zuvor am schnellsten von der Entwicklung bis zum Einsatz kam, war der Mumps-Impfstoff in den sechziger Jahren, der etwa vier Jahre benötigte. All das zeigt, was möglich ist, wenn wir die Herausforderung mit der nötigen Dringlichkeit angehen.

Mit dem »European Green Deal« liegt nun auf europäischer Ebene der groß angelegte Plan vor, den angestrebten ökologischen Wandel in Politik zu gießen. Als einziger großer Wirtschaftsraum hat die EU damit einen Plan entworfen, um jene drastischen Senkungen von Schadstoffen vorzunehmen, die nach Einschätzung des Weltklimarats für die Eindämmung der Erderhitzung notwendig sind. Denn als drittgrößter Emittent weltweit ist die EU – trotz aller Schwächen – nach wie vor ein globaler Ankerpunkt. Der Green Deal tritt nun mit dem Versprechen an, die europäische Wirtschaft und Politik grundlegend zu verändern, die Zukunft der nächsten Generation zu bestimmen und Europas Rolle in der Welt neu zu formen. Damit ist er eine strategische Vision, um eine europäische Antwort auf die drängendste Frage unserer Zeit zu geben. Die große Frage lautet, wie diese Vision zum Leben erweckt werden kann. »Europa im Schwitzkasten« will dazu einen Beitrag leisten.

Klar ist, dass die EU keine grüne Insel in einer braunen Welt sein kann. Der European Green Deal wird nur dann erfolgreich sein, wenn die EU es schafft, global zu denken und die Klimapolitik besser in die Außenpolitik zu integrieren. Derzeit ist die EU für circa sieben Prozent der weltweiten Emissionen verantwortlich, mit fallender Tendenz. Ohne Partnerschaften mit dem Rest der Welt werden die Klimaziele des Pariser Übereinkommens nicht erreicht werden können. Angesichts der zunehmenden geopolitischen Spannungen wird es nur schwer gelingen, die globale Klimapolitik komplett von der allgemeinen Politik zu isolieren und eine Oase der Zusammenarbeit in Klimafragen zu schaffen. Das Ziel für die nächsten Jahre und Jahrzehnte muss vielmehr sein, aus der derzeitigen Abwärtsspirale von Rivalität und Wettstreit in ein positives Zusammenspiel aus Klimaschutz und Politik zu gelangen. Hier gibt es einen eindeutigen Bedarf nach einer Führungsrolle der EU bei der internationalen Klimapolitik – nicht nur in der Theorie, sondern auch in der Praxis.

Europa war die Wiege der fossilen Revolution im 18. Jahrhundert. Jetzt macht sich der Kontinent auf, das Ende jener fossilen Energien – also Kohle, Öl und Gas – zu beschleunigen, die unsere moderne Geschichte geprägt haben. Ob der European Green Deal erfolgreich sein wird, ist zum jetzigen Zeitpunkt noch offen. Falls Europa wie geplant bis 2050 klimaneutral wird, wäre das eine herausragende Errungenschaft. Falls nicht, stellen wir die Grundlagen unserer Zivilisation infrage. Es steht also viel auf dem Spiel. Rückschläge werden folgen, so viel ist sicher. Der aufkeimende Widerstand konservativer Parteien, von Teilen der Landwirtschaft und der Wirtschaft gegen den Grünen Deal gibt mehr als einen Vorgeschmack auf die kommenden politischen Auseinandersetzungen in Europa. Rechtspopulisten haben Klimaschutz gar als neues Kampffeld entdeckt, um gegen die »Eliten« zu mobilisieren, und versuchen, alle Klimaschutzmaßnahmen in einen Kulturkampf zu verwickeln.

Zwei Schritte nach vorne, einer zurück – so lautete die Sequenz bisher. Das kann sich auch umdrehen, ein Schritt nach vorne, zwei zurück. Selbst die bisherigen klimapolitischen Etappensiege sind nicht davor gefeit, wieder rückabgewickelt zu werden. Europa wird einen langen Atem für den ökologischen Wandel brauchen. Gleichzeitig lässt sich bereits sagen: Der Einstieg in den Umstieg ist erfolgt. Wir sind dabei, unser europäisches Schiff umzubauen, während wir auf hoher See sind – und die See wird zunehmend rauer werden.

TEIL I
EUROPAS HARTER WEG ZUR GRÜNEN MACHT

It's not climate change – it's everything change.

MARGARET ATWOOD

1
EUROPA IM SCHWITZKASTEN

Europa ist keine Insel der Seligen. Wenn es dafür einen Beweis gebraucht hätte, dann wurde er spätestens durch die Temperaturrekorde und Extremwetterereignisse der letzten Jahre erbracht. Die Erhitzung der Erde hat als langsame Krise begonnen, heute sind wir mit dem Beginn der Beschleunigung extremer Ereignisse konfrontiert, die auch unsere Breitengrade erfasst hat. Ausgedehnte Hitzewellen, Dürreperioden, Überflutungen, Gletscherschwund und schneearme Winter gehören mittlerweile zur »neuen Normalität«. Für diejenigen, die sich eingehend mit der Klimakrise beschäftigt haben, kommt dies nicht weiter überraschend – außer vielleicht die Geschwindigkeit und Intensität der aktuellen und uns bevorstehenden Veränderungen. Wir sind auf dem Sprung in die Heißzeit.

Die Klimakrise prägt nicht nur das Leben in der Arktis oder auf den Inseln im Pazifik, sie ist auch bei uns angekommen. In jedem der letzten vier Jahrzehnte wurden in Europa Hitzerekorde gebrochen. Dabei ist das, was wir bislang gesehen haben, nur ein kleiner Teil der Entwicklungen, mit denen die europäischen Gesellschaften in den nächsten Jahrzehnten konfrontiert sein werden. Auch wenn die Bevölkerung hier weniger leidet als in Bangladesch oder in der Sahelzone, bleiben auch die Europäerinnen und Europäer von den Folgen der Klimakrise nicht verschont.

Das Jahr 2023 sticht besonders heraus und geht als das heißeste Jahr in die Messgeschichte seit Beginn der Datenreihe im 19. Jahrhundert ein. Im Durchschnitt waren die weltweiten Temperaturen um 1,48 Grad Celsius über dem vorindustriellen Zeitalter – und kratzen damit bereits an der 1,5-Grad-Schwelle, die im Pariser Klimaübereinkommen als jene Grenze festgelegt wurde, die möglichst nicht überschritten werden soll. Es gilt als wahrscheinlich, dass es in den vergangenen 100.000 Jahren kein heißeres Jahr gab. Laut dem Direktor des EU-Erdbeobachtungsprogramms Copernicus ist das »ein dramatisches Zeugnis dafür, wie weit wir uns von dem Klima entfernt haben, in dem unsere Zivilisation bisher florierte«. Die Waldbrände auf Rhodos gelten mittlerweile als die schlimmsten in der Geschichte der Insel. Auf das Feuer folgte die Flut und an drei Tagen regnete es in Griechenland so viel wie sonst in drei Jahren. Am Schauplatz Slowenien standen bis zu zwei Drittel des Landes unter Wasser, mit nie da gewesenen Schäden durch die nicht aufhören wollenden Regenfälle. Gerade in den Sommermonaten schien Europa gefangen zwischen extremer Trockenheit und nicht enden wollenden Niederschlägen. Einzelne Reiseveranstalter überlegen bereits, ob der Sommerurlaub im Mittelmeerraum in Zukunft noch ein rentables Geschäftsmodell sein kann. Die Sommer in Europa sind – so viel steht fest – nicht mehr wie damals. Frühling, Herbst und Winter allerdings auch nicht.

Das alles lässt sich wissenschaftlich belegen: Während der weltweite Temperaturanstieg durchschnittlich 1,1 bis 1,2 Grad Celsius über dem vorindustriellen Niveau liegt, ist in Europa in den vergangenen drei Jahrzehnten das Temperaturniveau mehr als doppelt so schnell wie im weltweiten Mittel gestiegen. Laut dem Klimabericht der Weltwetterorganisation und von Copernicus stiegen die Temperaturen in Europa im Schnitt um 2,2 Grad an.[2] Das bedeutet, dass Europa den höchsten

2 Copernicus Climate Change Service, European State of the Climate 2022, 2023.

Wert aller Kontinente aufweist. Lediglich in der Arktis ist die Erhitzung mit drei Grad plus im Vergleich zur Zeit vor der Industrialisierung noch größer ausgefallen. Dies gilt auch für die Meere. Die Erwärmung in der Ostsee, im östlichen Mittelmeer und im Schwarzen Meer war mehr als dreimal so groß wie im weltweiten Durchschnitt. Der Grund für diesen überdurchschnittlichen Anstieg liegt darin, dass Europa hauptsächlich aus Landmasse besteht, die sich schneller erwärmt als die Meere. Darüber hinaus bestehen zahlreiche Rückkopplungen zwischen der Arktis und Europa.[3]

Der Weltklimarat, das Gremium der Vereinten Nationen, das den aktuellen Stand der Klimaforschung zusammenfasst, benennt die vier Hauptrisiken für Europa: erstens die Hitze, die die menschliche Gesundheit und Ökosysteme belastet. Zweitens Überflutungen, sowohl entlang der Küsten als auch nach Starkregenfällen und entlang von Flussläufen. Das dritte Risiko ist eine Reduktion der Erträge aus der Landwirtschaft durch die Kombination aus Hitze und Dürre. Das vierte Risiko liegt in der zunehmenden Wasserknappheit, die nicht nur die Landwirtschaft, sondern auch Haushalte und die Industrie betrifft. Der Risikobericht des Weltwirtschaftsforums in Davos beurteilt die Lage ähnlich und sieht in seinem jährlichen Ausblick auf einen Zehn-Jahres-Horizont gesehen mittlerweile sechs der zehn größten Risiken in den Bereichen Klima, extreme Wetterereignisse und Ressourcenknappheit.

Das bringt erhebliche ökologische, wirtschaftliche und soziale Folgen mit sich. Seit einem Jahrtausend haben sich die Gletscher nicht so schnell zurückgezogen wie gegenwärtig. Durch geringe Schneemengen im Winter und warme Sommer haben die Gletscher mit großen Masseverlusten zu kämpfen.

3 Ebenda.

Seit 1997 haben die Alpengletscher mehr als 30 Meter ihrer Eisdecke verloren. Auch der grönländische Eisschild schmilzt rasant ab und beschleunigt den Anstieg des Meeresspiegels. Im Sommer 2021 kam es in Grönland zu einer nie da gewesenen Eisschmelze und dem ersten jemals aufgezeichneten Regenfall auf Grönlands höchster Erhebung. Das zusätzliche Wasser aus schmelzenden Gletschern und Eisschilden und die durch den Temperaturanstieg verursachte Ausdehnung des Meerwassers haben den Meeresspiegel seit 1900 um 20 Zentimeter ansteigen lassen.[4]

Die sich verändernden Niederschlagsmuster haben bereits dazu geführt, dass sich der Golfstrom, der warmes Wasser aus dem Golf von Mexiko in den Nordatlantik transportiert, im »schwächsten Zustand seit über einem Jahrtausend befindet«, so Forscher der Universität Utrecht. Ein sich dramatisch abschwächender Golfstrom hätte verheerende Folgen für das Klima in Europa. Die Winter würden deutlich kälter werden, während die Sommerhitze nur geringfügig zurückgehen würde.

Rund ein Drittel des Kontinents ist bereits jetzt potenziell von Dürren betroffen. Durch die zunehmende Trockenheit steigt auch die Gefahr von Waldbränden, denn die Feuer breiten sich durch die trockenen Böden schneller aus und können dadurch intensiver werden. Während sich in der Wissenschaft gerade erst der Begriff des »Anthropozän« für das neue Erdzeitalter durchsetzt, in dem der Mensch der wichtigste Faktor für die Veränderungen der biologischen und atmosphärischen Parameter auf unserem Planeten ist, haben Ökologen bereits das »Pyrozän«, also das Zeitalter des Feuers ausgerufen. Es ist davon auszugehen, dass wir mit unkontrolliertem Feuer in Zukunft leben werden müssen und dass Waldbrände in Zukunft

4 WWF Österreich, Die Verbündete unseres Klimas: Die Rolle der Natur im Sechsten IPCC-Sachstandsbericht, März 2023.

häufiger und zerstörerischer werden. Das bedeutet, dass durch mehr Großbrände und weniger Wald auch mehr CO_2 frei wird und damit eine stärkere Erhitzung einhergeht. Für Österreich drohen laut Geosphere Austria ohne Trendumkehr bis Ende des Jahrhunderts mindestens fünf Grad mehr.[5] Die Zahlen für Deutschland sind vergleichbar. Die Anzahl der Hitzetage pro Jahr mit mehr als 30 Grad würde dann im Durchschnitt auf 40 steigen und in besonders heißen Jahren sogar auf 60 bis 80 zunehmen. Auch die Gefahr von Dürren würde zunehmen. Für den Generalsekretär der Vereinten Nationen António Guterres ein Grund mehr, »Alarmstufe Rot« auszurufen: »Die Glocken tönen ohrenbetäubend.«

5 Österreich drohen bis zu fünf Grad mehr, https://science.orf.at/stories/3208038/.

2
DIE DROHENDE KLIMAKLUFT IN EUROPA

Die beschriebenen Klimarisiken sind über den gesamten Kontinent anzutreffen. Sie stellen sich aber von Region zu Region anders dar. Für den Norden Europas ist mit mehr Niederschlägen und Überschwemmungen zu rechnen. Dort werden Flutkatastrophen in Zukunft an Orten auftreten, an denen sie bisher nicht zu sehen waren. Küstengebiete sind als Folge des sich hebenden Meeresspiegels durch häufigere und schwerere Überschwemmungen bedroht. Der Anstieg der Temperaturen in Europa hat bereits den Wasserkreislauf verändert. Dies führt zu sehr nassen, aber wiederholt auch sehr trockenen Jahreszeiten. In vielen Regionen bedeutet dies eine geringere und schwer vorhersagbare Verfügbarkeit von Süßwasser.

Die Länder Südeuropas hingegen sind besonders stark von Hitzewellen, Dürren und Waldbränden betroffen. In Summe dürften die Folgen eines wärmeren Klimas in Bezug auf Sterblichkeit, Verluste in der Landwirtschaft und Stromerzeugung daher in der Mittelmeerregion am größten sein. Generell nimmt die Anzahl der Tage mit sehr hohem Hitzestress kontinuierlich zu. Sehr schwerer Hitzestress wird als gefühlte Temperatur zwischen 38 und 46 Grad Celsius definiert. In Italien, Spanien und den Balkanländern wurden bereits bis zu 90 solcher Tage pro Jahr verzeichnet. Höhere Temperaturen haben auch Auswirkungen auf das langfristige Wirtschaftswachstum. Das Risiko von Hitze verringert die Arbeitsproduktivität, insbesondere dort, wo draußen gearbeitet werden muss. All dies könnte zu einer neuen Kluft in Europa führen, die die bestehenden wirtschaftlichen Unterschiede zwischen Nord- und Südeuropa sowie zwischen Ost- und Westeuropa weiter verschärft. Die Kluft zwischen reicheren und ärmeren Regionen innerhalb Europas würde aufgrund der Klimakrise weiter zunehmen.

Die Auswirkungen der Hitze auf die Gesundheit der europäischen Bevölkerung werden immer noch unterschätzt. Die Zahl der Todesfälle wird erheblich steigen, wenn keine Anpassungsmaßnahmen ergriffen werden. Hohe Temperaturen und lange Sonnenscheindauer tragen dazu bei, dass die bodennahen Ozonkonzentrationen in vielen Regionen Europas für die Gesundheit schädliche Werte erreichen. Infektionskrankheiten breiten sich weiter nach Norden aus, was zu einer Zunahme an Krankheiten in Europa führt. Sich ändernde klimatische Verhältnisse begünstigen »das Auftreten und die Übertragung von durch das Klima beeinflussbaren Infektionskrankheiten wie Dengue-Fieber, Malaria oder West-Nil-Fieber«.[6] Zudem wird die Wahrscheinlichkeit einer Übertragung in bislang nicht betroffenen Regionen des Kontinents größer.

Die Europäische Umweltagentur schätzt, dass die wirtschaftlichen Schäden durch extreme Wetter- und Klimaereignisse in den Jahren 2021 und 2022 insgesamt 59,4 beziehungsweise 52,3 Milliarden Euro betrugen. In den dreißig Jahren davor machten diese Schäden im Durchschnitt noch 12 Milliarden Euro aus.[7] Damit ist selbst ein relativ wohlhabender und gut vorbereiteter Kontinent wie Europa nicht immun gegen die Auswirkungen extremer Wetterereignisse in einer sich erhitzenden

6 European Environment Agency, Climate change as a threat to health and well-being in Europe: focus on heat and infectious diseases, 2022.

7 European Environment Agency, Economic losses from weather- and climate-related extremes in Europe.

Welt. Dies stellt uns vor noch nie da gewesene Schwierigkeiten. Dazu gehört auch, dass sich die europäischen Gesellschaften besser an das anpassen müssen, was sich nicht vermeiden lässt. Trotz erheblicher Anstrengungen ist die Anpassung nach wie vor so etwas wie das vernachlässigte Stiefkind der Klimapolitik und steht im Schatten jener Politik, die sich um die Minderung der Treibhausgase bemüht. Zwar ist der Zivilschutz in Europa gut organisiert, die bestehenden Anpassungsmaßnahmen reichen aber nicht aus, um die rasch wachsenden Folgen zu bewältigen. Dabei ist mittlerweile gut dokumentiert, dass sich Investitionen in die Anpassung deutlich auszahlen. Die Liste der Notwendigkeiten ist lang. Dazu gehören eine Verbesserung des Schutzes gegen Überschwemmungen, die Anpassung der Bewirtschaftung der Land- und Forstwirtschaft an ein heißeres Klima oder die Schaffung kühlender städtischer Grünflächen. Die Bündelung von Ressourcen und Wissen aus verschiedenen Ländern ist besonders hilfreich, auch um jene Staaten, die in eine wetterbedingte Notlage geraten sind, zu unterstützen. Dazu gehören beispielsweise die Flugzeuge oder Feuerwehrleute, die im Sommer in Griechenland im Einsatz sind.

Mit dem European Green Deal möchte sich die EU bis zur Mitte des Jahrhunderts zu einer »widerstandsfähigen Gesellschaft« entwickeln und hat dazu eine eigene Anpassungsstrategie entwickelt, mit der die bestehenden Maßnahmen nachgeschärft werden sollen. Eine Politik der Anpassung, die europaweit konzipiert ist, wird auch deshalb erforderlich, da viele der extremen Ereignisse und damit auch ihre Vorbeugung sich nicht an nationalstaatliche Grenzen halten. So ist es sinnvoll, Flüsse, die durch mehrere Länder fließen, bei Dürren oder Überschwemmungen zusammen zu verwalten.[8]

---

8 Lenaerts Klaas, Tagliapietra, Simone, Wolff, Guntram, Der Klimawandel droht Europas Spaltung zu vertiefen, Zeit online, 9.7.2022.

Trotzdem sollten wir nicht vergessen, dass das heißeste Jahr der Gegenwart immer noch kühler sein wird als das, womit wir in Zukunft rechnen müssen. Was auf uns zukommt, wird auch in Europa ganz anders sein als das, was wir gewohnt waren. Das Klima der Enkelkinder wird in Zukunft wenig mit dem der Großeltern gemeinsam haben. Auch Anpassung stößt bald an ihre Grenzen. Die Wissenschaft sagt vorher, dass die Wetterextreme von heute nur ein Vorgeschmack darauf sind, was uns bevorsteht – selbst in dem günstigsten Fall, in dem Europa und der Rest der Welt es schaffen, die Erderhitzung stark abzubremsen.

3
WILLKOMMEN IN DER NEUEN ÄRA DES KLIMAREALISMUS

Während die Auswirkungen der Klimakrise immer deutlicher werden, ist noch offen, wie dramatisch die Veränderungen tatsächlich ausfallen werden. Während bei allen Modellen der Temperaturanstieg in den nächsten Jahren vergleichbar ist, zeigen sie abhängig von den jeweiligen Klimaschutzmaßnahmen der nahen Zukunft ab Mitte des Jahrhunderts sehr divergierende Werte für das Ausmaß der Erderhitzung voraus. Es hängt also in erster Linie vom menschlichen Verhalten ab, wie es weitergehen wird.

Um ein besseres Bild der Zukunft unserer Erde zu erhalten, werden vom Weltklimarat mithilfe von Klimamodellen verschiedene Szenarien durchgespielt. Einige Szenarien basieren auf der Annahme, dass global gesehen sehr weitreichende Maßnahmen zur Reduzierung der Emissionen eingeführt werden. In anderen Szenarien steigen die Emissionen und somit die Temperaturen weiter an. Konkret hat der Weltklimarat fünf verschiedene Szenarien mit unterschiedlich hohen Treibhausgasemissionen modelliert und berechnet, welche Auswirkungen jeweils realistisch sind. Demnach würden bei sehr niedrigen Emissionen die Temperaturen bis 2100 im Vergleich zur Periode zwischen 1850 und 1900 bis zu 1,8 Grad Celsius höher liegen. Bei weiterhin sehr hohen Treibhausgasemissionen können sie theoretisch um bis zu 5,7 Grad Celsius steigen. Das wäre das Worst-Case-Szenario. Zur Einordnung: Es ist bereits mehr als drei Millionen Jahre her, dass die globale Oberflächentemperatur das letzte Mal um 2,5 Grad Celsius höher war. Die Anstiegsrate des CO_2-Gehalts in der Atmosphäre innerhalb des letzten Jahrhunderts ist »mindestens zehn Mal so hoch wie zu jedem anderen Zeitpunkt in den letzten 800.000 Jahren«.[9] Die Menschheit betritt also gefährliches Neuland.

Der US-amerikanische Schriftsteller David Wallace-Wells weist darauf hin, dass Wissenschaftler bis vor einigen Jahren noch davor warnten, dass eine Fortsetzung der bisherigen Politik eine Erhitzung von vier oder fünf Grad mit sich bringen würde – eine Veränderung, die so gravierend wäre, dass nicht nur Nahrungsmittelkrisen und Hitzestress, Konflikte und wirtschaftliche Unruhen drohen würden, sondern auch vor dem Zusammenbruch der Zivilisation oder gar dem Ende der Menschheit gewarnt wurde.[10] Mittlerweile gilt eine derart starke Erhitzung aber als wenig wahrscheinliches Szenario. Gemäß dem UN Emissions-Gap-Bericht 2023 steuern wir bei einer vollständigen Umsetzung aller vorliegenden nationalen Klimaschutzpläne auf eine Erhitzung von 2,5 bis 2,9 Grad Celsius bis zum Jahr 2100 zu.[11] Damit klafft eine riesige Lücke zwischen den nach wie vor steigenden CO_2-Emissionen und dem Ziel des Klimaübereinkommens von Paris, die Erhitzung der Erde auf möglichst 1,5 Grad Celsius zu begrenzen. Diese Lücke macht auch deutlich, dass es derzeit nicht nur an der Umsetzung der Klimapläne mangelt, sondern dass es den vorliegenden Plänen auch am nötigen Ehrgeiz fehlt. Gleichzeitig dürfen wir nicht übersehen, dass sich die Weltgemeinschaft in

9 WWF Österreich, Die Verbündete unseres Klimas.

10 Wallace-Wells, David, Beyond Catastrophe: A New Climate Reality Is Coming Into View, The New York Times Magazine, 26.10.2022.

11 United Nations Environment Program, Emissions Gap Report 2023: Broken Record – Temperatures hit new highs, yet world fails to cut emissions (again), 20.11.2023.

den letzten Jahren ein gutes Stück von einer apokalyptischen Zukunft mit einer Erhitzung um die fünf Grad wegbewegt hat. Das ist noch nicht unbedingt Anlass für Optimismus, aber zumindest Grund genug für einen neuen Klima-Realismus.

Nachdem sich die Erde bereits jetzt um über ein Grad erwärmt hat, deutet bei Fortführung des derzeitigen Kurses vieles darauf hin, dass die Erwärmung in diesem Jahrhundert irgendwo in der riesigen Spannbreite zwischen 1,5 Grad und drei Grad liegen wird. Diese Zahlen klingen zugegebenermaßen sehr abstrakt und mitunter auch harmlos. Es ist außerordentlich schwer, sich darunter etwas vorzustellen – eben weil das noch kein Mensch erlebt hat und es keinen Präzedenzfall auf diesem Planeten gibt. Was ist also der Unterschied zwischen einer 1,5 Grad und einer zwei Grad wärmeren Welt? Im ersten Fall wären schätzungsweise 700 Millionen Menschen von extremen Hitzewellen mindestens einmal alle zwanzig Jahre betroffen, bei zwei Grad wären es rund zwei Milliarden. Bei 1,5 Grad wären etwa elf Prozent der Landflächen von Überschwemmung entlang Flüssen betroffen, bei zwei Grad wären es 21 Prozent. Der Unterschied ist also gewaltig. Hitzewellen, die heute nur einmal pro Jahrzehnt auftreten, würden bei zwei Grad mehr als fünfmal so häufig auftreten. Mehr als ein Drittel der Weltbevölkerung würde alle fünf Jahre von schweren Hitzewellen betroffen sein. Wir würden in eine Dynamik ständiger Erhitzung treten, da Kipppunkte des Klimasystems überschritten werden, die zu einer Selbstverstärkung der Erhitzung führen. Es würde noch intensiveres und häufigeres extremes Wetter geben. Für sehr viele Menschen wäre diese neu temperierte Erde ein Ort ständiger Krisen. Gleichzeitig ist davon auszugehen, dass über kurz oder lang eine Normalisierung größerer und kostspieligerer Katastrophen eintreten würde und sich irgendwann unsere Empathie angesichts der weltweiten Verwüstungen erschöpft.

Klima-Realismus heißt demnach, mit dem Paradox umzugehen, dass eine bis zu zwei Grad heißere Welt besser ist als das, wovon wir vor einem Jahrzehnt noch ausgehen konnten; dass es für dieses Ziel eine massive Absenkung der weltweiten Emissionen braucht, die nur mit einer Transformation aller unserer Lebensbereiche möglich sein wird, und dass selbst dieses Szenario eine ungleich härtere Welt für weite Teile der Bevölkerung – auch in Europa – bedeuten wird. Wenn wir uns die derzeitigen Klima-Verwerfungen bei 1,1 bis 1,2 Grad vergegenwärtigen, wird auch eine Landung möglichst bei 1,5 Grad brutal und trotzdem das Beste sein, was wir uns heute vorstellen und wünschen können.

Das ist die Situation, in der wir uns befinden. Denn es wird keine »Lösung« für die Klimakrise im klassischen Sinn des Wortes geben. Es wird kein Deus ex Machina unverhofft die Bühne betreten und eine unerwartete Wendung herbeiführen, es wird – zeitgemäßer gesprochen – kein Hollywood-Finale mit einer Rettung in letzter Minute geben. Dafür haben wir zu lange gewartet, dafür ist es mittlerweile schon zu spät. Was es aber geben kann, sind eine Vielzahl von Maßnahmen, Regulierungen, Anreizen, Verboten und Verhaltensänderungen – allem voran auf politischer und wirtschaftlicher Ebene. Was wir brauchen, sind tiefgreifende und rasche Minderungen aller Emissionen noch vor 2030 und CO_2-Neutralität bis spätestens 2050. Europa ist dabei ein Vorreiter und versucht seit Längerem, sich an die Spitze der weltweiten Bemühungen zur Eindämmung der Klimakrise zu setzen. Mit dem European Green Deal hat dieses Vorhaben erstmals konkrete Formen angenommen, die EU versucht, den Klima-Realismus in die Tat umzusetzen.

4
DER GRÜNE DEAL ALS NEUES POLITISCHES PROJEKT

In den letzten 15 Jahren war in Europa viel von Krisen die Rede. Angefangen mit der Finanzkrise ab 2007, der Migrationskrise in den Jahren 2015 und 2016, dem Brexit, den durch die Covid-Pandemie geprägten Jahren ab 2020 bis hin zum Ukraine-Krieg und der Energiekrise. Währenddessen schwelte die Klimakrise mal mehr im Vordergrund, mal mehr im Hintergrund vor sich hin. Der Krisenmodus wurde in dieser Zeit zu einer Art Normalität, ein allgegenwärtiger Sound.

An Europa ist diese »Polykrise« nicht spurlos vorbeigegangen. Die EU war in dieser Zeit vor allem damit beschäftigt, Krisen-Feuerwehr zu spielen und das Schlimmste zu verhindern. Das ist ihr mal besser, mal schlechter gelungen. Es war eine Tristesse spürbar, etwas Graues und Schweres, das mit Europa in Verbindung gebracht wurde. Wenig Begeisterung, wenig Aufbruchstimmung. Die Fähigkeit, eine positive Vision zu entwickeln, ist ihr in diesen Jahren abhandengekommen. Das Friedensprojekt, als das die EU angetreten ist, zog speziell in den Augen der jüngeren Generation nicht mehr. Das Wohlstandsversprechen entpuppte sich seit den Verwerfungen der Finanzkrise als zunehmend hohl. In den Augen ihrer Bürgerinnen und Bürger wurde die EU vor allem mit einem strikten Sparkurs in Verbindung gebracht und als Förderin einer unfairen Modernisierung gesehen, die nur einigen wenigen nutzt.

Der European Green Deal bietet nun die Chance, ein neues

politisches Projekt für Europa zu begründen, mit dem die EU den existenziellen Charakter der Klimakrise anerkennt und gleichzeitig versucht, sich politisch neu zu erfinden. Es ist so etwas wie die Rückkehr zu den Wurzeln der europäischen Integration. Die zentrale Rolle der Energie – damals in Form von Kohle – für die Schaffung von Frieden und den Wiederaufbau nach dem Zweiten Weltkrieg wurde von den Gründervätern anerkannt. Mit der Schumann-Erklärung im Jahr 1950 wurde der Startschuss gegeben, die deutsch-französische Stahl- und Kohleproduktion zusammenzulegen und die Ressourcen gemeinsam zu nutzen, um so Krieg nicht nur undenkbar, sondern auch »materiell unmöglich« zu machen.[12]

Mit ehrgeiziger Klimapolitik kann das EU-Konzept von Friedenssicherung neu definiert und aktualisiert und dem Umstand Rechnung getragen werden, dass es bei Frieden in Zukunft auch um die Sicherung unserer Lebensgrundlagen geht. Wird diese Rolle mit Verantwortung wahrgenommen, schafft sich die EU damit eine neue Legitimation. Der European Green Deal ist damit mehr als ein bloßes »Narrativ«, er hat das Potenzial, ein handfestes politisches Projekt für Europa zu werden – ähnlich wie die Schaffung des Binnenmarkts in den achtziger Jahren, der Einführung des Euros in den neunziger Jahren oder die Erweiterung in den nuller Jahren. Klimapolitik ist damit der Bereich, in dem der nächste und für die EU nötige Integrationsschritt gemacht werden kann. Die EU wird gerne mit einem Fahrrad verglichen: Fährt es nicht weiter, dann fällt es um. In diesem Sinn ist der Green Deal der neue, ökologisch betriebene Antrieb der Union.

Der European Green Deal wurde von der Präsidentin der

12 Schumann, Robert, Schumann-Erklärung, 9.5.1950, https://european-union.europa.eu/principles-countries-history/history-eu/1945-59/schuman-declaration-may-1950_de.

Europäischen Kommission, Ursula von der Leyen, 2019 ausgerufen. Dies kam für viele politische Beobachter überraschend, da nicht erwartet worden war, dass eine Politikerin der konservativen deutschen CDU den Klima- und Umweltschutz in den Mittelpunkt ihres Regierungsprogramms stellen würde. Es stand unter dem Eindruck der Fridays-for-Future-Proteste, die erfolgreich Hunderttausende Menschen quer durch Europa mobilisierten. Klimaschutz war in aller Munde, selbst Menschen, die bis dahin kein großes Interesse an dem Thema hatten, gingen auf einmal dafür auf die Straße. Gerade die jüngere Generation, für die Klima- und Umweltschutz vielen Umfragen zufolge bereits jetzt das wichtigste Thema ist, verspürte die große Dringlichkeit zu handeln.

Unter diesem Eindruck schaffte es Klimaschutz zum ersten Mal ins Herz der politischen Agenda. In ihrer Rede im Dezember 2019 bekräftigte von der Leyen, dass das Ziel des Grünen Deals darin bestehe, »die Wirtschaft mit unserem Planeten zu versöhnen, die Art und Weise, wie wir produzieren und konsumieren, mit unserem Planeten in Einklang zu bringen und sie für unsere Menschen nutzbar zu machen. Es sind die Menschen Europas, die uns aufgefordert haben, entschiedene Maßnahmen gegen den Klimawandel zu ergreifen. Für sie legen wir einen so ambitionierten Grünen Deal für Europa vor.« Diese Worte markierten eine kopernikanische Wende in der europäischen Klimapolitik.

Der Grüne Deal wurde zum Flaggschiff-Projekt der Europäischen Kommission. Es ist der Fahrplan, um Europa bis 2050 zum ersten klimaneutralen Kontinent zu machen. Der Begriff selbst wurde 2007 zum ersten Mal in den Vereinigten Staaten verwendet, als dort das Konzept eines »Green New Deal« vorgeschlagen wurde. Das Umweltprogramm der Vereinten Nationen UNEP veröffentlichte kurz darauf ebenfalls einen Bericht, in dem ein globaler »Green Deal« gefordert wurde. Auch eine Reihe von zivilgesellschaftlichen Organisationen machte sich das Konzept zu eigen. Die Diskussion stand damals unter dem Eindruck der globalen Finanzkrise, die das Vertrauen in das Wirtschaftssystem nachhaltig erschütterte. Dies brachte eine Rückbesinnung auf den legendären »New Deal« des US-amerikanischen Präsidenten Franklin Roosevelt mit sich, der in den dreißiger Jahren als Antwort auf die Finanzkrise 1929 erfolgreich Wirtschafts- und Sozialreformen durchgeführt hatte.

Das Herzstück der europäisch-grünen Variante des New Deals ist das sogenannte »Fit for 55«-Paket. Demnach müssen die Treibhausgasemissionen bis zum Ende dieses Jahrzehnts um mindestens 55 Prozent gegenüber 1990 gesenkt werden. Bis 2040 sollen mindestens 90 Prozent der Emissionen gesenkt werden und bis zur Mitte des Jahrhunderts hat sich die EU das Ziel gesetzt, klimaneutral zu sein. Das bedeutet, dass durch menschliche Aktivität in Summe das Klima nicht negativ beeinflusst wird.

Dieser Plan ist nicht perfekt. So forderten Klimaaktivistinnen und -aktivisten im Einklang mit dem Pariser Klimaübereinkommen eine Minderung von mindestens 65 Prozent der Emissionen bis 2030 und das Erreichen von Klimaneutralität bereits im Jahr 2040 anstatt 2050. Der Europäische Green Deal ist – anders als viele Forderungen aus der Degrowth-Bewegung – als Wachstumsstrategie konzipiert. Klimaschutz und Wirtschaftswachstum sollen Hand in Hand gehen und der technologische und industrielle Wandel soll als Motor für mehr Wachstum dienen. Die Grundannahme ist, dass ein klimaneutraler Kontinent auch ein wohlhabenderer sein wird, mit dem Ziel einer vollständigen Entkoppelung des CO_2-Verbrauchs vom Wirtschaftswachstum. Oder im EU-Jargon gesprochen: eine Win-win-Situation.

Im internationalen Vergleich fällt auf, dass nur die EU über einen derart ehrgeizigen und konkreten Plan verfügt, weder die USA noch China können der EU diesbezüglich das Wasser reichen. Dabei stellen sich zwangsweise Fragen nach der Machbarkeit. Ist ein solcher Kraftakt überhaupt realistisch? Wer soll dafür bezahlen? Ist die europäische Bevölkerung dafür bereit? Realismus kippt allzu schnell in Pessimismus, Widerstände werden oft als Beleg für die Unmöglichkeit eines Plans interpretiert. Denn wie schon der Boxer Mike Tyson wusste: »Everybody has a plan until they get punched in the face.«

Nicht anders verhielt es sich beim European Green Deal, der immer wieder Schläge einstecken musste. Zuerst bedeutete die Covid-Pandemie ein vorläufiges Ende der weltweiten Klimaproteste quer durch Europa. Themen wie Maskenpflicht, Inzidenzen oder Impfstoffe verdrängten den Klimaschutz aus der öffentlichen Diskussion. Zwar fielen pandemiebedingt 2020 die Treibhausgasemissionen so stark wie nie zuvor, aber das war auf die großflächigen Lockdowns und nicht auf nachhaltige Lenkungsmaßnahmen zurückzuführen. Der Corona-Effekt verpuffte im Nu und die Emissionen kletterten nach dem Ende der Pandemie wieder auf ein ähnliches Maß wie zuvor zurück.

Als im Februar 2022 Russland die Ukraine angriff, stand neben Fragen von Leben und Tod auch die Gasversorgung Europas an der Kippe. Die allgemeine Sorge galt der Energieversorgung, Klimaschutz spielte nur mehr eine untergeordnete Rolle. Vielerorts wurde angesichts der davongaloppierenden Preise das Ende des European Green Deal ausgerufen. Schließlich war Europa durch den Ukraine-Krieg damit konfrontiert, eine doppelte Abhängigkeit zu beenden: zum einen vom russischen Gas, zum anderen von fossilen Energiequellen insgesamt. Dieser doppelten Falle zu entkommen, ist nicht weniger als eine Herkulesaufgabe.

Kurzfristig spießt sich die Erreichung dieser beiden Ziele, langfristig gesehen überschneiden sie sich jedoch. Zwar wurden neue Terminals für Flüssiggas (LNG, Liquified Natural Gas) in Europa gebaut und neue Gasabkommen mit Nachbarstaaten geschlossen. Gleichzeitig begann jedoch ein beispielloser Boom für erneuerbare Energiequellen. Die Kosten der erneuerbaren Energieträger sind im letzten Jahrzehnt massiv gesunken. Als Folge der hohen Energiekosten wurde ein langsamer, aber doch struktureller Wandel hin zu erneuerbarer Energie eingeleitet. Solar- und Windenergie sind Dreh- und Angelpunkt dieser Bemühungen. Mit jedem Solarpaneel und mit jedem Windrad trägt die unbegrenzte Energie der Naturelemente dazu bei, unsere Abhängigkeit von fossilen Brennstoffen in allen Bereichen unserer Wirtschaft zu verringern, von der Beheizung von Wohngebäuden bis hin zu industriellen Prozessen. Diese Entwicklung wird von der europäischen Bevölkerung unterstützt. So sind 85 Prozent der Bürgerinnen und Bürger der Ansicht, dass die EU massiv in Wind- und Sonnenenergie investieren sollte, um die Abhängigkeit von fossilen Energien zu verringern.[13] Mittlerweile hat sich herumgesprochen, dass das Zeitalter des billigen Öls und des billigen Gases zu Ende gegangen ist. Europaweit wurde 2022 zum ersten Mal mehr Strom aus Sonnenkraft und Wind erzeugt als aus Gas. Das sind gute Nachrichten für die Wirtschaft, weil erneuerbare Energien mittelfristig deutlich preiswerter sind und uns unabhängiger von unzuverlässigen Gaslieferungen aus Russland machen.[14] Die Internationale Energieagentur (IEA) rechnet damit, dass die Energiegewinnung durch erneuerbare Energie weiter stark

---

13 Eurobarometer, Climate Change, https://europa.EU/eurobarometer/surveys/detail/2954, 2023.

14 Von der Leyen, Ursula, Wie können wir die Klimawende schaffen?, Der Standard, 19.10.2023.

ansteigen wird. Europa zeigt sich damit widerstandsfähiger, als es viele dem Kontinent zugetraut hätten – Abgesänge auf die EU haben sich wieder einmal als falsch erwiesen. Klar ist aber auch, dass, so erfreulich diese Anstiege sind, sie bei Weitem nicht ausreichen. Wir werden noch viele Rekordjahre brauchen, um unsere Klimaziele zu erreichen.

Die Vitalität des European Green Deal wurde auch auf Ebene der Gesetzgebung unterschätzt. Es gelang, eine Reihe wichtiger Beschlüsse über die Ziellinie zu retten. Hinter diesen technokratisch anmutenden Rechtsakten des European Green Deal steckt nicht weniger als der Umbau unseres Energiesystems, unseres Transportwesens, der Industrie und Infrastruktur – und sogar die Rückeroberung der Natur. Denn gemäß EU-Renaturierungsgesetz sollen bis 2030 30 Prozent der Flächen durch Schutzgebiete wirksam geschützt werden, ein Drittel dieser Gebiete soll sogar einen strengen Schutz erhalten. Mit der Renaturierung von Wäldern, Ökosystemen in der Stadt und in der Agrarlandschaft sowie von Flüssen und zum Schutz von Bestäubern soll auch unser Klima geschützt werden. Trotz einer intensiven Desinformationskampagne gegen dieses historische Gesetz gelang es, die wesentlichen Punkte ins Ziel zu retten.

Zum European Green Deal zählen neben dem massiven Ausbau der erneuerbaren Energiequellen auch ambitionierte Ziele für das Energiesparen, ein Schub für den Bau und die Renovierung des Gebäudesektors sowie eine Ausweitung des Emissionshandels. Es ist vorgesehen, dass ab 2035 in der EU nur mehr Pkws neu zugelassen werden dürfen, die beim Fahren CO_2-emissionsfrei sind. Unter dieses »Verbrenner-Aus« fallen alle neuen, mit fossilem Diesel oder Benzin betankten Pkws. Diese europäische Selbstverpflichtung konnte aufrechterhalten werden, obwohl die deutsche Regierung in letzter Minute eine Ausnahmeregelung für Fahrzeuge, die mit E-Fuels – das sind synthetische Kraftstoffe, die mithilfe erneuerbarer Energien hergestellt werden – reinreklamierte. Was ausgespart blieb, ist die europäische Agrarpolitik. Dieses politisch schwierige Unterfangen war der Europäischen Kommission zu heikel, eine Ökologisierung der Landwirtschaft und das Bemühen, auch die Agraremissionen zu senken, wurden vorerst vertagt.

Die EU begibt sich damit auf einen Pfad, mit dem bis 2030 jedes Jahr fast fünf Prozent der Treibhausgasemissionen reduziert werden sollen. Wenn alle Gesetze des »Fit for 55«-Pakets ohne Ausnahmen und rechtzeitig umgesetzt werden, wird dies zu einer Verdoppelung der erneuerbaren Energien und der installierten Wärmepumpen, solarthermischen oder geothermischen Heizsysteme sowie einer Verdreifachung der Gebäudesanierungsrate pro Jahr im Vergleich zu 2021 führen. Bis 2030 wird hochgerechnet, dass mindestens 29 Millionen Elektrofahrzeuge auf europäischen Straßen unterwegs sein werden.[15] Zwar verfügt China derzeit über einen technologischen Vorsprung, aber auch die EU dekarbonisiert ihre Wirtschaft in einem hohen Tempo. Sie verfügt über den größten Anteil an Wind- und Solarenergie bei der Stromgewinnung. Bereits heute fahren pro Kopf die meisten Elektroautos in Europa. Auch bei der Abkehr von fossilen Energieträgern wurden Fortschritte gemacht. Mehr als 160 Kohlekraftwerke wurden bereits stillgelegt beziehungsweise mit einem fixen Datum für die Schließung versehen. Europa befindet sich damit auf Kurs, dass alle Kohlekraftwerke geschlossen werden können.

Der Einstieg in den Umstieg in eine klimafreundlichere Zukunft scheint gemacht. Nicht mehr, aber auch nicht weniger. Wie es weitergeht, ist zwischen den verschiedenen Kräften, die auf Europa einwirken, höchst umstritten. Denn die Poli-

15 Makaroff, Neil; Kalcher, Linda, Strategic Perspectives. 2022. Turning the European Green Deal into Reality, Brussels, 16.5.2023.

tik der EU war und ist Experimentalpolitik. Im Fall des European Green Deal handelt es sich eben um klimapolitische Experimentalpolitik. Eine Politik, die sich über weite Strecken unpolitisch gibt, aber die über hohe politische Sprengkraft verfügt. In den nächsten Kapiteln werde ich einige der größten politischen Hürden bei der Verwirklichung des Green Deals skizzieren.

5
EUROPÄISCHER KLIMASCHUTZ IN DER SPARFALLE

Klimaschutz auf der Höhe der Zeit erfordert massive Investitionen in die Infrastruktur. Um das ehrgeizige Ziel zu erreichen, bis 2030 den CO_2-Ausstoß in der EU um mehr als die Hälfte zu reduzieren, ist laut der »Strategischen Vorausschau« der Europäischen Kommission eine Erhöhung der grünen Investitionen in Höhe von über 600 Milliarden Euro pro Jahr bis Ende des Jahrzehnts erforderlich. Diese Gelder sind zusätzlich zu den 578 Milliarden Euro zu verstehen, die die EU bereits jetzt im Rahmen des laufenden Budgets für Klimaschutz ausgibt. Das klingt viel und das ist viel. Für die anstehende Energiewende sind robuste Wertschöpfungsketten für erneuerbare Energien, umfassende Maßnahmen für mehr Energieeffizienz oder die Ausbildung der fehlenden Facharbeiter unerlässlich. Private Investitionen werden dafür ebenso wenig ausreichen wie bestehende Fördertöpfe. Angesichts des Bedarfs an zusätzlichen öffentlichen Investitionen kann die Umsetzung des Green Deals nicht von Fragen der EU-Haushaltspolitik getrennt werden. Das stellt eine sehr heikle Diskussion innerhalb der EU dar, insbesondere wenn man bedenkt, dass die Verschuldung innerhalb der EU in den letzten Jahren gestiegen ist.

Bereits 2020 wurde ein EU-Aufbaufonds in Höhe von über 800 Milliarden Euro beschlossen, um Europa grüner, digitaler und krisenfester zu machen. Damit war es der Europäischen Kommission erstmals möglich, selbst Gelder auf den Märkten zu leihen, um dieses Konjunkturprogramm zu finanzieren. Dies stellte einen Tabubruch dar, der aufgrund der außergewöhnlichen Situation durch die Covid-19-Pandemie möglich war. Es war ein wichtiger Schritt zum Aufbau eines politischen Europas und einer der größten Integrationsschritte der letzten Jahre.[16] Dieses Programm läuft allerdings 2026 aus, womit der EU eine große Lücke bei der Finanzierung der grünen Investitionen droht. Für den nächsten siebenjährigen EU-Budgetzyklus wird sich erneut die Frage stellen, wie eine gemeinsame Verschuldung innerhalb der Eurozone aussehen könnte. Dies ist eine wichtige strategische Entscheidung, bei der die frugalen Staaten – das sind die wohlhabenderen EU-Staaten rund um Deutschland, Österreich, die Niederlande oder Schweden – gefragt sind, ihre Ideologie der »Schwarzen Null« zu überwinden – denn einen ausgeglichenen Haushalt wird es nur zum Preis des Zusammenstreichens der dringend benötigten Investitionen in die Infrastruktur geben. Gleichzeitig wird es zentral sein, Klimaschutz bei den Ausgaben für die Landwirtschafts- bis zur Kohäsionspolitik noch stärker zu verorten.[17]

Derzeit verfügen innerhalb der EU nur vier Staaten über den Spielraum in ihren Budgets, um die nötigen grünen Investitionen zu finanzieren. Eine »Goldene Regel«, wonach Investitionen in die Klima- und Energiewende von der Berechnung des Budgetdefizits ausgenommen werden, würde in die richtige Richtung weisen. Daneben würde einem großzügig ausgestatteten europäischen Klimafonds die wichtige Aufgabe zukommen, einen nationalen Subventionswettlauf innerhalb der EU zu unterbinden und regionale Ungleichheiten nicht weiter zu verschärfen – ansonsten wird die Akzeptanz für Kli-

16 Tubiana, Laurence, Der Green Deal ist der neue Gesellschaftsvertrag, Der Grand Continent, 28.9.2021.

17 Zehetner, Thomas, Klimaschutz in der Sparfalle, Die Presse, 18.7.2023.

maschutzmaßnahmen in den abgehängten Regionen schwinden. Gleichzeitig müssten bei der Ausgestaltung eines solchen Klimafonds strenge Umweltauflagen und soziale Kriterien im Zentrum stehen, damit Naturschutz und Interessen der Arbeitnehmerinnen und Arbeitnehmer nicht auf der Strecke bleiben.

Die USA haben mit dem grünen Investitionsprogramm »Inflation Reduction Act« der Biden-Regierung ordentlich vorgelegt. Um nicht abgehängt zu werden, braucht die EU etwas Vergleichbares. Die Logik dahinter ist einleuchtend: Ein Klimafonds (in der ersten Diskussion trug er die Bezeichnung »Souveränitätsfonds«) soll die Transformation der europäischen Industrie mit den nötigen Mitteln ausstatten, um Europa zum ersten klimaneutralen Kontinent zu machen. Zudem soll ein solcher Fonds eine europäische Antwort auf das angesprochene US-Investitionspaket bilden und Europa unabhängiger von strategischen Rohstoffen aus China machen. Das alles entspricht den klima- und geopolitischen Imperativen, mit denen sich Europa derzeit konfrontiert sieht. Bedauerlicherweise wurde die Idee eines solchen Fonds vorerst in die Schublade gesteckt. Stattdessen kommt in der Zwischenzeit eine sehr abgespeckte Variante, mit der im Wesentlichen bereits zugesagte Finanzzusagen umetikettiert werden. Das ist Klimapolitik nach dem Motto »Wasch mir den Pelz, aber mach mich nicht nass«.

Es wäre ein Fehler, die Lektionen aus dem gescheiterten europäischen Sparmodell im Zuge der Finanzkrise zu ignorieren. Diese Sparmaßnahmen haben auch der Demokratie geschadet. Die Haushaltskürzungen führten damals zu einem erheblichen Anstieg des Stimmenanteils extremer Parteien, zu einer niedrigeren Wahlbeteiligung und zu einer zunehmenden politischen Fragmentierung. Eine Wiederholung könnte den Aufstieg von Parteien der politischen Ränder weiter begünstigen. Zudem werden mit einer Rückkehr der Sparmeister die Klimaziele bis

2030 nicht zu erreichen sein. Statt die Haushaltsdisziplin zu fetischisieren, sollten die EU-Staaten ökologischen Investitionen Vorrang einräumen, die heute Wohlstand schaffen und unseren Planeten für künftige Generationen bewahren. Es sollte nicht vergessen werden, dass die Kosten in den Umbau der europäischen Wirtschaft Investitionen in die Zukunft sind. Angesichts der fortschreitenden Klimakrise darf die Finanzierung des Klimaschutzes nicht auf später verschoben werden – denn später bedeutet heißer und teurer: die Kosten der Untätigkeit beim Klimaschutz werden langfristig zu einer weitaus größeren Belastung für die Budgets, da auch die Verluste durch Klimaschäden steigen.

Viele der Maßnahmen des European Green Deal gehen in die richtige Richtung. Die mangelnde Finanzierung ist allerdings eine der Achillesfersen für eine erfolgreiche Umsetzung. Wenn der European Green Deal wirklich ein großer Wurf sein soll, dann wird er ohne eine großzügigere Dotierung nicht auskommen. Ansonsten lässt sich der Spruch von Franz Grillparzer über das Habsburgerreich getrost auf die heutige EU-Klimapolitik umlegen: »Auf halben Wegen und zu halber Tat mit halben Mitteln zauderhaft zu streben«. Die proklamierte »Zeitenwende« muss auch in der europäischen Budgetpolitik ankommen. In der nächsten Phase des European Green Deal wird es darauf ankommen, die Bürgerinnen und Bürger Europas besser davon zu überzeugen, dass Klimaschutz in ihrem eigenen Interesse ist und die klügste Versicherung gegen hohe Strompreise und den Verlust von Arbeitsplätzen darstellt. Genauso wie nichts die soziale Ungleichheit stärker erhöht als eine ungebremste Erderhitzung, wird Klimaschutz nur dann erfolgreich sein, wenn die Maßnahmen noch viel stärker sozial ausgestaltet sind. Im nächsten Kapitel werde ich darauf eingehen, wie Klimaschutz und sozialer Ausgleich besser miteinander verknüpft werden können.

6
KLIMASCHUTZ AUF GEFÄHRLICHEM TERRAIN

Die Proteste der französischen Gelbwesten spuken noch immer in der europäischen Klimapolitik herum. Die wochenlangen Demonstrationen von 300.000 Gelbwesten (die Bezeichnung leitet sich von den gelben Warnwesten ab, die die Protestierenden trugen) und Zusammenstöße mit der Polizei im Winter 2018 wurden durch die Ankündigung stark steigender Spritpreise ausgelöst – und das zu einer Zeit, als die Regierung von Präsident Emmanuel Macron die Steuern auf Vermögen senkte. Es war ein politischer Fehltritt von Macron, der bis heute als Musterbeispiel dafür dient, wie eine solche Energiereform auf keinen Fall angegangen werden darf. Die Proteste der Gelbwesten dienen zwar als beliebte Ausrede all jener Kräfte, die möglichst alles so belassen wollen, wie es ist. Gleichzeitig hatten sie auch eine wichtige Warnfunktion und setzten die Frage des »gerechten Übergangs« auf die Klimaagenda. Die Gelbwesten haben deutlich gemacht, dass eine schnelle Energiewende in wohlhabenden, aber zunehmend ungleichen Demokratien nur möglich sein wird, wenn Verteilungsfragen nicht ignoriert werden.

Die Gelbwesten sind bei Weitem nicht die einzige Protestform gegen Klimaschutz geblieben. In den Niederlanden begehrten Landwirte gegen strengere Umweltauflagen auf, blockierten mit ihren Maschinen die Straßen und zogen vor das Regierungsgebäude in Den Haag. Stein des Anstoßes war der Plan der niederländischen Regierung, bis 2030 die Stickstoffemissionen drastisch unter die von der EU vorgegebenen Grenzwerte zu senken. Aufgrund des knappen Bodens mussten die Landwirte immer effizienter und intensiver wirtschaften, um maximale Erträge aus den verfügbaren Flächen herauszubekommen. Da viel zu lange zugesehen wurde, wie das durch die Massentierhaltung entstehende Nitrat Böden und Wasser verschmutzte, müssen die Nitrat-Werte nun bis 2030 auf die Hälfte verringert werden. Das könnte das Ende von bis zu einem Drittel aller Viehbetriebe in den Niederlanden bedeuten. Entsprechend fühlen sich die Bauern in ihrer Identität angegriffen und beklagen, dass sie in diesem gesamtgesellschaftlichen Problem allein als Sündenböcke herhalten müssten und keine Unterstützung durch die Politik bekommen würden.

In Deutschland wurde durch eine monatelange Kampagne der *Bild* gegen einen Ausstieg aus den fossilen Energieträgern beim Heizen die Bevölkerung so stark verunsichert, dass das Gesetz schließlich zurückgezogen werden musste. Mit dem in abgeschwächter Form verabschiedeten Gesetz werden die deutschen Klimaziele im Gebäudebereich nicht zu erreichen sein. Die von Fehlinformationen geprägte Kampagne hat zum Höhenflug der AfD beigetragen, die vor einem »Heizungsmassaker« warnte und seit ein paar Jahren das Thema Klimawandel als Reizthema für ihre wachsende Anhängerschaft etablieren konnte.

In Polen, dem zweitgrößten Kohleproduzenten Europas nach Deutschland, haben Industrie und Gewerkschaften die ehemalige Regierung davon überzeugt, das offizielle Enddatum für den Kohlebergbau erst auf 2049 festzulegen. Das ist nur ein Jahr, bevor Europa CO_2-neutral werden soll. Die Realität, mit der sich die rund 80.000 verbliebenen Bergleute konfrontiert sehen, ist jedoch, dass sich die polnische Kohleindustrie bereits jetzt im Niedergang befindet und ein Bergwerk nach dem anderen zusperren muss.

Damit kristallisiert sich immer stärker heraus, dass die Energiewende zwar viele Gewinner kennen wird, es aber unweigerlich auch Verlierer geben wird. Menschen, die ihre Arbeit verlieren und keine neue finden. Gemeinden, in denen der wirtschaftliche Umstieg nicht funktioniert. So droht den Einwohnern der polnischen Kohlestadt Bełchatów, des estnischen Ölschieferzentrums Kohtla-Järve oder der sardinischen Kohlestadt Carbonia – um nur einige wenige zu nennen – möglicherweise ein Detroit-Schicksal in Form eines langsamen Niedergangs einer ehemals wohlhabenden Region.[18] Die Energiewende würde dann mit sehr unterschiedlichen Geschwindigkeiten vonstattengehen – umso mehr, wenn die EU in den 2030er Jahren auch um die Staaten des Westbalkans oder gar die Ukraine erweitert werden sollte.

Die verfügbaren Daten zur Abschätzung des Ausmaßes dieses sozialen Problems sind dürftig. Aber allein im Kohlesektor könnten nach Prognosen der Europäischen Kommission bis 2030 180.000 Arbeitsplätze verloren gehen. Eine von der Automobilindustrie in Auftrag gegebene Studie aus dem Jahr 2021 kam zu dem Ergebnis, dass durch die Umstellung auf Elektrofahrzeuge eine halbe Million Arbeitsplätze vernichtet und nur halb so viele neue geschaffen werden könnten, und zwar nicht unbedingt an denselben Standorten oder für dieselben Personen. Diese Statistiken spiegeln nur die sogenannten »direkten Arbeitsplätze« wider. Sie berücksichtigen nicht die Menschen, die bei Zulieferern, Werkstätten, Abfallentsorgern, in den Schulen für die Kinder oder den Gaststätten arbeiten.

18 Mathiesen, Karl, A warning for 2024: The losers of the green revolution won't go quietly, Politico, 21.12.2023 und Does the architect of Europe's Green Deal truly understand what he's unleashed?, Politico, 16.11.2023.

Dazu kommt, dass Haushalte mit geringerem Einkommen einen höheren Anteil für Energiekosten ausgeben. Gerade während der Energiekrise 2022/2023 führten die stark steigenden Energiekosten dazu, dass diese Haushalte besonders stark betroffen waren. Die immer höheren Lebenshaltungskosten gelten mittlerweile als eines der größten Risiken bei der Umsetzung des Green Deals. Das bedeutet nicht, dass die Energiewende nicht nötig wäre oder aufgeschoben werden könnte, im Gegenteil. Auch aus wirtschaftlicher Perspektive deuten für den Zeitraum ab 2030 die Modelle auf sinkende Energiekosten hin, da bis dahin viel Energie eingespart werden kann. Das bedeutet, dass bis 2050 europäische Familien deutlich weniger für Energie ausgeben dürften. Haushalte mit niedrigem Einkommen, die derzeit verhältnismäßig höhere Rechnungen zahlen, werden am meisten davon profitieren.

Trotz des gesamtgesellschaftlichen Nutzens wäre es aber naiv anzunehmen, dass die grüne Wende der erste historische Umbruch sein wird, der reibungslos vonstattengeht. Schließlich wird dabei unser Wirtschaftssystem neu aufgesetzt. Die Schmerzen sind demnach real. Auch die damit einhergehenden gesellschaftlichen Veränderungen überfordern viele. Gewohnte Verhaltensmuster, vom Rasen auf der Autobahn bis zum ungezügelten Fleischkonsum, werden mehr und mehr infrage gestellt. Im Unterschied zu früheren Umbrüchen ist dieser Wandel in erster Linie durch politische Entscheidungen bedingt. Das macht die mit der Umsetzung betrauten politischen Parteien zur Zielscheibe für den Zorn der betroffenen Bevölkerung. Das Tempo des Umbruchs ist zudem größer als früher, denn angesichts der sich zuspitzenden Klimakrise haben wir wenig Zeit zur Verfügung.

Es ist daher nicht verwunderlich, dass Rechtspopulisten europaweit gegen den Klimaschutz mobil machen. Gerade europaskeptische Parteien sind ständig auf der Suche nach neuen Themen, mit denen sie die EU attackieren und ihre Anhänger mobilisieren können. Nach dem bewussten Ignorieren wissenschaftlicher Erkenntnisse während der Covid-19-Pandemie und dem Widerstand gegen alle notwendigen Maßnahmen ist der Kampf gegen Klimaschutz das nächste Schlachtfeld. In ganz Europa formiert sich eine nationalistische Front gegen die Klimapolitik, bei der in der Regel sowohl die Erderhitzung relativiert wird als auch die Maßnahmen gegen das heißer werdende Klima infrage gestellt werden. Nach der Logik der Rechtspopulisten ist der Klimaschutz ein Diktat der Eliten, bei dem – einmal mehr – nationale Anliegen globalen Prioritäten weichen müssen. Der ehemalige tschechische Ministerpräsident Andrej Babiš brachte diese Einstellung auf den Punkt, indem er von einem »European Green Suicide« sprach und seiner Wählerschaft versprach zu verhindern, dass sie deswegen ärmer werden würde.

Umso wichtiger ist es für die Klimabewegung, sich mit den sozialen Auswirkungen auseinanderzusetzen, um die Zustimmung der Bevölkerung nicht zu verlieren. Laut einer Eurobarometer-Umfrage sind 93 Prozent der Europäerinnen und Europäer der Meinung, der Klimawandel sei ein ernstes globales Problem. Fast sechs von zehn sind der Ansicht, dass die Wende hin zu einer grüneren Wirtschaftsweise beschleunigt werden sollte, und 90 Prozent vertreten die Meinung, dass die Emissionen so weit wie möglich eingedämmt und die verbleibenden Emissionen kompensiert werden sollen, um in Europa bis zur Mitte des Jahrhunderts Klimaneutralität zu erzielen. Das alles sind ermutigende Umfragedaten, die zeigen, dass die europäische Bevölkerung grundsätzlich die Zeichen der Zeit erkannt hat. Wenn die EU-Bürgerinnen und Bürger konkret gefragt werden, ob sie bereit wären, Opfer für den Klimaschutz zu akzeptieren, purzeln diese Werte allerdings in den Keller.

Das spiegelt den flachen Klimakonsens quer durch Europa wider: Ja, Klimaschutz ist wichtig, aber ohne allzu gravierende Einschnitte.

Die Mitte-Parteien in Europa haben ihren Anteil an dieser Entwicklung. Auch sie beschwören mehrheitlich die Klimakrise als große gegenwärtige Herausforderung, versprechen aber gleichzeitig die Zumutungslosigkeit in der Klimapolitik. Sie sind sich einig beim Klimaschutz, solange es lediglich um die Zukunft geht. Sobald es um konkrete politische Fragen der Umsetzung geht, bröckelt die Zustimmung und ist kein Konsens mehr in Sicht. Anders gesagt: in der Theorie dafür, in der Praxis dagegen.

Bis vor einigen Jahren war der Zugang zur Migrationspolitik das große polarisierende Thema in der europäischen Politik. Die Flüchtlingskrise 2015/2016 emotionalisierte und spaltete die Bevölkerung. Klimaschutz galt dagegen noch als Thema, auf das sich (fast) alle einigen konnten. Es gab breite Zustimmung für möglichst rasche und umfassende Maßnahmen. Mittlerweile ist es genau umgekehrt: Innerhalb der Parteienlandschaft dominiert beim Migrationsthema ein harter Grundkonsens, während Klimaschutz stärker als je zuvor polarisiert. Wie in allen anderen Politikfeldern geht es beim Klima nicht in erster Linie um Vernunft und Wissenschaft, sondern um Fragen der Verteilungsgerechtigkeit und um Fragen von Mehrheiten. Es geht um Deutungshoheit und nicht zuletzt geht es um Macht. Die Umsetzung des European Green Deal findet daher auf gefährlichem Terrain statt.

7
DIE KLIMAWENDE WIRD SOZIAL SEIN – ODER WIRD GAR NICHT SEIN

Die Antennen der Klimabewegung für die soziale Dimension prägen sich erst langsam aus. Für die Umsetzung des European Green Deal ist das ein gefährlicher blinder Fleck, denn die Auswirkungen eines heißeren Klimas treffen nicht alle gleich. Die Städter, die nicht die Möglichkeit haben, vor der Hitze auf das Land zu flüchten, die Alleinerzieherin, die sich den Umstieg auf klimafreundlichere Technologien nicht leisten kann, der Bauarbeiter, der bei über 30 Grad im Freien arbeiten muss, leiden überdurchschnittlich stark. So wird die soziale Kluft weiter vertieft.

Im Kontrast dazu ist der Diskurs über Klimaschutz nach wie vor durch ein Übermaß an Individualisierung gekennzeichnet. Es ist einer der Irrwege der Klimapolitik der letzten Jahrzehnte, mit dem erhobenen Zeigefinger auf Menschen zu zeigen und die Verantwortung auf den Einzelnen zu übertragen. Wir reden zu viel über den CO_2-Fußabdruck, zu viel über Lifestyle und über ethischen Konsum und zu wenig darüber, dass es zunächst erst Strukturen für ein klimafreundliches Leben braucht, in denen wir uns bewegen können.

Vermutlich ist es so, dass Klimaschutz am besten erreicht werden kann, indem man nicht ständig über das Klima spricht, sondern um das, worum es dabei geht: Jobs, Wohlstand, Gesundheit. Der Erfolg der grünen Wende wird wesentlich davon abhängen, ob dafür gesamtgesellschaftliche Lösungen entworfen werden können und die Auswirkungen auf jene stärker berücksichtigt werden, die nur über ein geringes Einkommen verfügen. Dass die Klimafrage auch eine Verteilungsfrage ist, haben Ökonominnen und Ökonomen für Österreich konkret nachgewiesen. Anhand von Einkommensdaten wurde ermittelt, dass die reichsten zehn Prozent der Haushalte durch ihr Verhalten viermal mehr CO_2 emittieren als die ärmsten zehn Prozent der Haushalte. Das ergibt sich daraus, dass Menschen mit höherem Einkommen nicht in einer kleinen Wohnung im Stadtzentrum wohnen, sondern eher außerhalb in einem größeren Haus. Sie besitzen oft mehr als ein Auto und sie fliegen häufiger in den Urlaub. Wer über ein hohes Einkommen verfügt, hat mehr Möglichkeiten, Geld auszugeben und dabei CO_2 auszustoßen – und diese Möglichkeiten werden in aller Regel genutzt. Aus diesen Ungleichheiten speist sich oft das Gefühl, dass die arbeitenden Menschen beim Klimaschutz für die Exzesse der Reichen zahlen müssen. Eine gerechtere Besteuerung wäre insofern auch probates Mittel, um die soziale Akzeptanz von Klimaschutz zu erhöhen und den nötigen finanziellen Spielraum zu schaffen, der für die Bewältigung der Klimakrise nötig sein wird.

Die soziale Frage muss beim Klimaschutz immer am Anfang stehen, nicht erst am Ende, wie es bisher meist gemacht wurde. Auf den Punkt gebracht: Die Klimawende wird sozial sein oder sie wird gar nicht sein. Nach der Gerechtigkeitstheorie von John Rawls ist der Schleier des Nichtwissens ein Zustand der Menschen in einer fiktiven Entscheidungssituation, in der sie über eine zukünftige Gesellschaftsordnung entscheiden, aber selbst nicht genau wissen, welche Position sie darin einnehmen werden. Hinter diesem »Schleier des Nichtwissens« werden sie sich daher für einen gerechten Gesellschaftsvertrag entscheiden, so die Theorie von Rawls. In der Realität wissen die Menschen in der Regel über ihre Position innerhalb der

Gesellschaft Bescheid. Gerade die Klimawende schafft aber ein derart hohes Ausmaß an Unsicherheit für viele Bürgerinnen und Bürger, dass sie nur schwer vorhersagen können, wie ihre Position in einer zukünftigen Gesellschaft aussehen wird. Alte Branchen verschwinden, neue entstehen. Ob der eigene Job verloren geht oder aufgewertet wird, ist oft unklar. All das verlangt der Bevölkerung viel ab. Das Wohlstandsversprechen, das für die vorherigen Generationen gegolten hat, wonach es den eigenen Kindern einmal besser gehen wird, erscheint unter diesen Vorzeichen brüchig. Diese Ungewissheit ist zwar kein neues Phänomen, diesmal ist das Ausmaß aber größer.

Eine Umfrage des Brüsseler Thinktanks Bruegel hat die Frage der sozialen Akzeptanz von Klimaschutz unter die Lupe genommen. Demnach werden ehrgeizige Emissionsreduktionsziele in der EU immer gegenüber weniger ehrgeizigen Zielen bevorzugt werden. Die Ergebnisse legen auch nahe, dass die Europäerinnen und Europäer im Prinzip bereit sind, für mehr Klimaschutz, auf Einkommenssteigerungen zu verzichten. Sollte es jedoch zu Einkommenseinbußen kommen, ändert sich das Bild drastisch und die Unterstützung in der Bevölkerung schrumpft auf etwa ein Drittel zusammen. Das deutet darauf hin, dass der Widerstand gegen ehrgeizige Klimaziele eher materieller als ideologischer Natur ist. Diese Ergebnisse decken sich mit zahlreichen Studien aus der Verhaltensökonomie, wonach Verluste die Einstellungen stärker beeinflussen als Gewinne. Die Studie unterstreicht zudem die Bedeutung von Maßnahmen zur sozialen Unterstützung und dass umfangreiche Ausgleichsmaßnahmen für diejenigen nötig sind, die direkt von der Klimakrise betroffen sind.[19]

19 Van der Duin, David; Nicoli, Francesco; Burgoon, Brian, How sensitive are Europeans to income losses related to climate policies?, Bruegel, 19.12.2023.

Für die Ausgestaltung des European Green Deal bedeutet das, dass die Bürgerinnen und Bürger eher bereit sein werden, Veränderungen zu akzeptieren, wenn Klimagerechtigkeit und soziale Gerechtigkeit in Einklang gebracht werden. Ein konkretes Beispiel: Das europäische Ziel, die Installation von Wärmepumpen bis 2030 (verglichen mit 2022) zu vervierfachen, muss sozial abgefedert werden, damit auch weniger wohlhabende Haushalte Zugang haben. Das bedeutet, dass Maßnahmen mit mehr Sorgfalt gestaltet werden müssen, damit sie weniger anfällig für populistische Rückschläge sind.[20] Unter diesem Gesichtspunkt enthält die Einführung eines Emissionshandels für den Verkehrs- und den Gebäudesektor im Rahmen des European Green Deal gehörigen sozialen Sprengstoff. Der Emissionshandel für die energieintensive Industrie und für Anlagen der Energiewirtschaft gilt bereits seit 2005 und umfasst rund 40 Prozent der Treibhausgasemissionen in Europa. Ab 2027 wird CO_2 nun auch für Verkehr und Gebäude bepreist. Angesichts der nach wie vor viel zu hohen Emissionen in diesen Problemsektoren soll so der Umstieg auf klimafreundlichere Heizungs- und Mobilitätsarten forciert werden. Das konkrete Ziel ist eine Reduktion von 43 Prozent der Emissionen im Verkehrs- und Gebäudebereich bis 2030. Da es keinen festen CO_2-Preis geben wird, sind die Prognosen über dessen voraussichtliche Höhe mit großen Unsicherheiten behaftet. Sollten die Preise in die Höhe schnellen, greift ein Korrekturmechanismus, damit die Schwankungen innerhalb eines bestimmten Preiskorridors bleiben. Der CO_2-Preis wird auch davon abhängen, wie stark die Emissionen bis dahin bereits gesunken sind.

Die Einführung eines Emissionshandels für den Verkehrs- und den Gebäudebereich hat zur Folge, dass CO_2 einen einheit-

20 Grabbe, Heather; Lehne, Stefan, Climate Politics in a Fragmented Europe, Carnegie Europe, 18.12.2019.

lichen Preis in allen EU-Ländern bekommen wird. Die Kosten für die Verschmutzung des Klimas sind damit überall in der EU gleich hoch. Im Vorfeld des Beschlusses – der weitgehend unter Ausschluss der Öffentlichkeit erfolgte – gab es aufgrund der schwierigen Verteilungswirkung den Vorschlag, den Emissionshandel im Gebäude- und im Verkehrssektor zunächst nur für Unternehmen einzuführen und mit dem privaten Energieverbrauch erst später nachzuziehen. Diese Stimmen konnten sich allerdings nicht durchsetzen. Umso wichtiger wird es sein, die Einführung gut vorzubereiten und die sozialen Folgen abzufedern.

Wenn sich die Bürgerinnen und Bürger nämlich die Alternativen – wie die Umrüstung auf eine Wärmepumpe oder den Umstieg auf ein Elektroauto – nicht leisten können, werden sie in Zukunft die steigenden Kosten durch die Bepreisung von CO_2 stemmen müssen. Über 34 Millionen Menschen in Europa sind bereits jetzt von Energiearmut betroffen. Sie können es sich nicht leisten, ihre Wohnungen zu heizen. Steigende Energiepreise und zusätzliche CO_2-Kosten werden sie weiter belasten. Angesichts der sehr unterschiedlich ausgeprägten Wirtschaftskraft in Europa kann dies gerade in weniger wohlhabenden EU-Ländern negative soziale Konsequenzen haben.[21]

Ein großer Vorteil des Emissionshandels ist, dass neben der Preiswirkung auch Staatseinnahmen lukriert werden, die wiederum für den sozialen Ausgleich an die Bürgerinnen und Bürger zurückgegeben werden können. Ein Klima-Sozialfonds wurde daher gegründet, um direkte, zeitlich begrenzte Beihilfen für besonders bedürftige Menschen zu finanzieren. Zudem werden Investitionen in energieeffizientere Gebäude und zu-

21 Nesselhauf, Lea; Müller, Simon, Der CO_2-Preis für Gebäude und Verkehr. Ein Konzept für den Übergang vom nationalen zum EU-Emissionshandel, Agora Energiewende, 19.10.2023.

kunftsfreundlichere Mobilität unterstützt. Dieser Fonds soll mit bis zu 65 Milliarden Euro aus den Verkaufserlösen der Zertifikate finanziert werden und mit zusätzlich über 20 Milliarden Euro von den EU-Ländern. Das klingt nach viel, die benötigten Summen betragen aber ein Vielfaches. Italien allein gab beispielsweise während der Energiekrise über zehn Milliarden Euro aus, um die hohen Energiekosten für die Haushalte abzufedern. Es herrscht weitgehend Konsens darüber, dass diese Summe für einen EU-weiten Fonds nicht ausreichen wird, allerdings gibt es keine innereuropäische Einigkeit, woher das Geld für den sozialen Ausgleich kommen soll. Frankreich und Polen setzten sich für eine Aufstockung der EU-Mittel ein, während sich Länder mit größerem finanziellem Spielraum wie Deutschland oder Österreich dafür aussprachen, dass die Mittel direkt aus den nationalen Budgets stammen sollen.

Zusätzlich wurde ein »Just Transition Fund« geschaffen, der 17,5 Milliarden Euro für Projekte in Regionen zur Verfügung stellt, die beispielsweise besonders stark vom Kohleabbau oder treibhausgasintensiven Industrien abhängig sind. Damit soll der ökologische Wandel fairer und inklusiver gestaltet werden und jenen Gebieten, die vom Übergang zur Klimaneutralität am stärksten betroffen sind, im Sinne der europäischen Solidarität geholfen werden. Schließlich muss die Energiewende auf dem gesamten Kontinent, von Region zu Region, gewonnen werden.

In der Größenordnung bleiben diese Programme allerdings hinter dem bahnbrechenden »Inflation Reduction Act« der US-Regierung zurück, der auch strenge soziale Auflagen vorsieht. Der Inflation Reduction Act schafft nicht nur Anreize für faire Löhne und Ausbildungsplätze im Bereich der erneuerbaren Energien, sondern versucht auch, politische Gräben zu überwinden, indem 60 Prozent der Gelder in rote beziehungsweise republikanisch dominierte Bundesstaaten fließen.

Die EU hat sich im letzten Jahrzehnt weiterentwickelt und hat mittlerweile ein besseres Sensorium für soziale Schieflagen als in den neoliberal geprägten neunziger Jahren. Der Teufel steckt in der Bewältigung einer gerechten Energiewende trotzdem im Detail. Die EU hat noch Nachholbedarf, eine überzeugende Antwort für diejenigen zu finden, die zu den besonders verletzlichen Gruppen gehören. Das Vertrauen zwischen Politik und Bevölkerung wird dabei auf die Probe gestellt. Es besteht die Gefahr, dass der Europäische Green Deal dafür verantwortlich gemacht wird, wenn die Menschen am Ende des Monats kein Geld mehr haben. Auf eine plakative Formel gebracht: Während sich die EU Sorgen um das Ende der Welt macht, sorgen sich die Menschen um das fehlende Geld am Ende des Monats.

Wenn die sozialen Sicherungssysteme zerbröckeln, gilt es, die Gesellschaften wieder zu stärken und zu stabilisieren. Die Bürgerinnen und Bürger müssen das Gefühl haben, dass Europa ihnen nützt und ihnen hilft, die Risiken des Lebens zu bewältigen. Die EU muss zeigen, dass sie Lösungen für beide Anliegen hat, dass die kohlenstoffarme Wirtschaft fairer sein wird und dass die Kosten der Anpassungen gerecht verteilt werden können. Die Aufgabe des Green-Deal-Projekts wird es in den nächsten Jahren sein, die sozialen Probleme zu antizipieren, mit denen die Bürgerinnen und Bürger während des steinigen Übergangs konfrontiert sein werden.[22] Wenn die EU es richtig macht, könnte ein fairer Klimawandel die soziale Gerechtigkeit in einer Weise fördern, wie es die Marktwirtschaft bisher nicht vermocht hat.

22 Tubiana, Laurence, Der Green Deal ist der neue Gesellschaftsvertrag.

8
MEHR KLIMADEMOKRATIE WAGEN

Liberale Demokratien werden weltweit attackiert – sowohl von außen als auch von innen. Einer der Kritikpunkte lautet, dass eine Klimapolitik im Einklang mit dem 1,5-Grad-Ziel mit unseren demokratischen Strukturen nicht verträglich sei. Weder würde die Bevölkerung bei einer derart radikalen Umstellung mitmachen, noch seien die demokratischen Prozesse angesichts der rasant fortschreitenden Erhitzung schnell genug. Demnach sei eine Ökodiktatur unabdingbar, um die notwendigen Maßnahmen durchzubringen.

Klimapolitik, die es ernst mit wissenschaftlichen Erkenntnissen meint, ist tatsächlich kein einfaches Unterfangen. Im Unterschied zu anderen Politikfeldern gibt es beim Klimaschutz nämlich ein gänzlich anderes Verhältnis zum Faktor Zeit. Für konventionelle Politik in unseren europäischen Demokratien gilt in der Regel der Grundsatz, was in dieser Legislaturperiode nicht erledigt werden kann, wird eben erneut in der nächsten Periode gemacht. Wenn nicht heute, dann eben morgen. Diese »Politik der langen Bank« ist – trotz periodisch auftretender Rufe nach dem Ende des Stillstands – ein beliebter Zugang aller Parteien. Beim Klimaschutz funktioniert dieses »Spielen auf Zeit« allerdings nicht; Klimapolitik ist angesichts drohender planetarer Kipppunkte zeitlich nicht nach hinten hin offen – denn später bedeutet heißer.[23] Das hat zur Folge, dass,

23 Pausch, Robert; Ulrich, Bernd, Klimaschutz und die Ampel-Koalition: Eine Frage der Haltung, Die Zeit, 14/2023, 29.3.2023.

je weniger Maßnahmen in der Gegenwart getroffen werden, umso schneller in der Zukunft gehandelt werden muss. Das ist auch ein demokratiepolitisches Dilemma. Wer sagt, in fünf oder in zehn Jahren für Klimapolitik bereit zu sein, müsste ehrlicherweise dazusagen, dass es dann doppelt so vieler Anstrengungen bedarf wie jetzt. Derzeit ist nicht absehbar, wie dieser Zeitdruck in unser demokratisches System integriert werden kann, klar ist aber, dass Geschwindigkeit im Zeitalter der Klimakrise eine relevante Demokratiefrage ist.

Wie das deutsche Verfassungsgericht in seinem bahnbrechenden Urteil festgehalten hat, verlangt es die Schonung künftiger Freiheit, den Übergang zur Klimaneutralität rechtzeitig einzuleiten. Die These von der drohenden Ökodiktatur ist deswegen ein Hirngespinst, das offenbar leichter zu glauben ist, als die Realität zu akzeptieren, dass wir gerade unsere Lebensgrundlagen zerstören. Selbst ein autoritäres System, das sich dem Klimaschutz verschreibt, würde die Freiheit zerstören, die es zu schützen gilt – schon allein deswegen wäre es sinnlos, sich autoritären Kräften auszuliefern.

Die Bedrohung unserer Freiheit liegt in erster Linie in zu wenig Klimaschutz. In einer Welt, die sich mit den Folgen eines Klima-Kollapses herumschlagen muss, sind die Bedingungen, unter denen liberale Demokratien bestehen können, unweigerlich schwieriger. Die Feinde der Demokratie profitieren von Zukunftsangst, Paranoia und Nostalgie für vergangene Zeiten. Gesellschaftliche Überforderung ist Wasser auf die Mühlen der Autokraten, demokratischen Werten wird durch Chaos leichter der Boden entzogen. Insofern wiegt es auch für die Klimapolitik schwer, dass die Vertrauenskrise die politische Mitte erreicht hat und mehr und mehr Menschen weder der Wissenschaft noch den politischen Eliten Vertrauen schenken. Die etablierten Parteien links und rechts der Mitte haben in den letzten beiden Jahrzehnten an Legitimität verloren, extremere Standpunkte sind salonfähiger geworden. Der Fortschrittsgedanke wurde von einer Angst vor der Zukunft abgelöst, Dystopie statt Utopie.

Das ist auch demokratiepolitisch relevant, da Demokratien viel stärker auf ein positives Zukunftsbild angewiesen sind. Auch wenn die Prinzipien der Demokratie nicht leicht mit der Realität der Klimakrise zu vereinen sind, werden wir das Klima nur demokratisch retten können.[24] Für Europa gilt es daher, sich an die sich ändernden Bedingungen anzupassen und die Demokratie tauglicher für die Klimakrise zu machen. Gerade die europäische Klimapolitik leidet nämlich nach wie vor unter einem Mangel an Demokratie. Das ist auch insofern problematisch, da der Erfolg von Veränderungen des Konsumverhaltens und der Produktionsmuster aller abhängt.[25] Der bereits angesprochene New Deal von US-Präsident Roosevelt versprach »ein neues Angebot für das amerikanische Volk«. Ein vergleichbares Offert fehlt in Europa fast zur Gänze, die Kommunikationspolitik lässt sehr zu wünschen übrig. Auch die Möglichkeiten der gesellschaftlichen Teilhabe sind begrenzt, was die Chancen des Grünen Deals, zu einem neuen europäischen Gesellschaftsvertrag zu avancieren, begrenzt.

Das Augenmerk sollte daher zukünftig darauf gelegt werden, wie die Demokratie weiterentwickelt werden kann und bestehende Formen der demokratischen Mitbestimmung ausgebaut werden können. Ein demokratiepolitisch interessanter Vorschlag geht dahin, dass sich alle Europäerinnen und Europäer nach Abschluss ihres 18. Lebensjahres für ein halbes Jahr oder

24 Schaible, Jonas, Demokratie im Feuer. Warum wir die Freiheit nur bewahren, wenn wir das Klima retten – und umgekehrt, Deutsche Verlags-Anstalt, 2023.

25 Charveriat, Céline, The Green Deal: Origins and Evolution, Groupe d'études géopolitiques, 2023.

länger damit beschäftigen, sich über die Klimakrise zu bilden und mitzuhelfen, ihre Auswirkungen zu mildern und an unserer Anpassung zu arbeiten. Die US-Demokraten schlugen ein Programm für ein »Civilian Climate Corps« für 1,5 Millionen Menschen vor. US-Präsident Joe Biden nahm einen ähnlichen Vorschlag nach dem Vorbild aus dem New-Deal-Programm der dreißiger Jahre auf. Die Umsetzung scheiterte zwar an parteiinternem Widerstand – eine Diskussion über diesen Vorschlag auf europäischer Ebene wäre allemal spannend.

Der in Frankreich durchgeführte Klimakonvent hat verdeutlicht, dass Reformen in der Klimapolitik von den Bürgerinnen und Bürgern begrüßt werden. Auch der österreichische Klimarat, bei dem hundert zufällig ausgewählte Bürgerinnen und Bürger unter wissenschaftlicher Begleitung einige Wochen intensiv über Klimaschutz diskutierten, stellte ein vielversprechendes demokratiepolitisches Experiment dar. Ein ähnliches Format könnte auf EU-Ebene eine europaweite Diskussion beflügeln. Gerade Klimaschutz als transeuropäisches Thema gegen Politikverdrossenheit eignet sich dafür besonders gut, ein reines Expertenprojekt ist dagegen zum Scheitern verurteilt.

Im Zeitalter der Fake News müssen sich die EU und ihre Mitgliedstaaten stärker mit strategischer Kommunikation beschäftigen, um besser in der Lage zu sein, auf demokratiezersetzende Desinformationskampagnen zu reagieren. Das bedeutet, nicht nur defensiv zu argumentieren, sondern wirklich die Vorteile des Handelns und die Kosten des Nichthandelns beim Klimaschutz herauszuarbeiten. Es gibt einen wissenschaftlichen Konsens darüber, dass menschliche Aktivitäten der Haupttreiber der Klimakrise sind. Ebenso besteht eine breite Übereinstimmung über verfügbare Lösungen. Allerdings stellen die wissenschaftliche Natur der Krise und die technische Natur der meisten Lösungen eine Herausforderung für demokratische Debatten dar. Eine wachsende Anzahl von Menschen informiert sich hauptsächlich über Online-Plattformen wie Facebook, X, TikTok, YouTube oder Suchmaschinen. Diese Plattformen geben Einzelpersonen oder Organisationen, die systematisch falsche oder irreführende Informationen über die Klimakrise oder verfügbare Lösungen verbreiten, einen überproportionalen Einfluss. Die Verbreitung von klimabezogenen Fehlinformationen untergräbt die Grundlage für fundierte demokratische Entscheidungen über Klimaschutz, die der Dringlichkeit der Krise gerecht werden. Das EU-Gesetz über digitale Dienste verlangt von den Betreibern großer Online-Plattformen und von weitverbreiteten Suchmaschinen, wirksame Maßnahmen zu ergreifen, um zu verhindern, dass der demokratische Diskurs oder Wahlprozesse manipuliert werden.[26]

Immer häufiger findet die Mobilisierung der Bürgerinnen und Bürger nicht nur zu konkreten Projekten auf lokaler Ebene statt, sondern widmet sich auch globalen Themen wie dem Verlust der Artenvielfalt oder der Erhitzung des Planeten. Dadurch wirkt der European Green Deal auch auf lokaler Ebene und gibt konkrete Ziele vor, auf die sich Bewegungen vor Ort berufen können. Gerade in Hinblick auf die Akzeptanz von Klimaschutz ist es zu begrüßen, wenn mehr Entscheidungen auf lokaler Ebene getroffen werden, um den konkreten Bedürfnissen der Bevölkerung gerecht zu werden und die Bürgerinnen und Bürger besser einzubinden. Initiativen wie Eurocities, bei der mehr als 200 europäische Städte mit 130 Millionen Bürgerinnen und Bürgern eingebunden sind, zeigen den Weg vor. Europa bekommt so ein Gesicht jenseits des

26 Graf, Andreas; Buck, Matthias, EU policies for climate neutrality in the decisive decade: 20 initiatives to advance solidarity, competitiveness and sovereignty, Agora Energiewende, 26.1.2024.

Bildes als Melkkuh, wo sich Gelder holen lassen. Auf diese Art und Weise treten verschiedene Ebenen – global, national und lokal – miteinander in Beziehung, verbinden und verstärken sich gegenseitig. Diese Entwicklung kann wesentlich zur Vitalität und zur Demokratisierung des Europäischen Grünen Deals beitragen.

Das sind nur einige wenige Vorschläge, wie die Klimademokratie gestärkt werden könnte. Die politische Aufgabe, die durch die Klimakrise auf uns zukommt, ist jedenfalls nicht kleiner als die wirtschaftlichen oder technologischen Herausforderungen. Auch in Sachen Demokratie gilt es, innovativ zu denken und unser Verständnis für die demokratische Grundordnung weiterzuentwickeln. Die wichtigste kritische Infrastruktur, die es zu schützen gilt, ist und bleibt die Demokratie.

9
KLIMASCHUTZ X 27

Wie ich in den vorherigen Kapiteln ausgeführt habe, geht es beim European Green Deal nicht nur um technische oder bürokratische Themen, sondern ganz wesentlich um politische Fragen. Es geht um die Vision, wie unsere Gesellschaft in Zukunft aussehen soll. Seit der Begründung des Europäischen Green Deals wurde viel weitergebracht. Viele Erwartungen wurden übertroffen, schließlich bekommt sowohl die Hardware als auch die Software Europas ein umfangreiches Update. Trotzdem bleiben große Hürden bestehen, von der mangelnden finanziellen Ausgestaltung über der Abstiegsgefahr für Teile der europäischen Bevölkerung bis hin zu den Gefahren für unsere demokratischen Strukturen. Die Wiederbelebung des europäischen Projekts aus dem Geist der Klimapolitik ist keine ausgemachte Sache. Es geht also darum, nicht nur den derzeitigen Kurs zu halten, sondern den Green Deal auch weiterzuentwickeln.

Eine solche erneuerte Vision betrifft nicht nur die EU-Institutionen, es braucht dafür noch stärker als bisher die Einbindung aller 27 EU-Mitgliedstaaten. Schließlich sind sie es, die die klimapolitischen Regeln umsetzen und in nationale Gesetze gießen müssen. Der Green Deal wurde in erster Linie in Brüssel entworfen, vorangetrieben und verhandelt. Er hat damit gegenüber nationalen Lösungen den Vorteil, dass er grenzüberschreitend gedacht ist. Das ist vielversprechender als rein nationale Ansätze, die sich oft gegenseitig im Weg stehen.

Schon wiederholt ist die Zusammenarbeit beim Klimaschutz an nationalen Egotrips gescheitert. Zudem sind einige europäische Staaten beim Klimaschutz deutlich ehrgeiziger als andere. An einem Ende des Spektrums stehen die postindustriellen Staaten aus dem Norden Europas wie Dänemark, Schweden, Finnland, die bereits große Fortschritte bei der Energiewende erzielt haben. In diesen Vorreiterstaaten gibt es auch in der Bevölkerung eine breite Unterstützung für ehrgeizige Politik. Am anderen Ende des Spektrums befinden sich vor allem die Länder Mittel- und Osteuropas, denen das Tempo der Transition zu hoch ist, da ihr Wirtschaftssystem noch stark von fossilen Energieträgern abhängig ist. Die ambitioniertere Gruppe konnte aufgrund der Mehrheitsverhältnisse im Rat der EU und aufgrund ihres Einflusses in der Europäischen Kommission und innerhalb des Europäischen Parlaments die europäische Klima- und Energiepolitik vorantreiben. Es ist nicht auszuschließen, dass sich dieses Kräfteverhältnis in den nächsten Jahren ändert und die Bremser Oberwasser bekommen könnten.

Wie viele andere europäische Projekte zuvor wird eine Umsetzung ohne das starke Engagement aller EU-Länder nicht gelingen. Wenn die EU die Klimakrise effektiv bekämpfen will, braucht sie die Mitgliedstaaten an Bord. Schließlich sind die EU-Institutionen zu weit von den Bürgerinnen und Bürgern entfernt und verfügen auch nicht über die nötigen Budgets. Es besteht die reale Gefahr, dass die EU-Länder Brüssel die Schuld geben, wenn der Widerstand gegen die Klimaschutzmaßnahmen weiter zunehmen sollte. Dieses Muster hat sich auch in der Vergangenheit der europäischen Integrationsgeschichte immer wieder gezeigt: Solange es gut läuft, wollen die Regierungschefs das Lob einkassieren, sobald es schwierig wird, wird den EU-Institutionen die Schuld gegeben. In einer Umfrage unter europäischen Meinungsführern zeigt sich, dass bei den

Gründen, die gegen eine zügige Umsetzung des Grünen Deals sprechen, an erster Stelle die mangelnde Umsetzung durch die Mitgliedstaaten genannt wird. Derzeit sind die EU-Länder bei ihren von der Europäischen Kommission überprüften nationalen Klima- und Energieplänen nicht auf Kurs, die 55-prozentige Verringerung des CO_2-Ausstoßes bis 2030 zu erreichen. Die größten Abweichungen gibt es im Verkehr, bei den Gebäuden und in der Landwirtschaft. In diesen Bereichen muss dringend nachgeschärft werden. In der Vergangenheit war es immer so, dass die EU erfolgreich war, wenn sowohl die EU-Institutionen als auch die Mitgliedstaaten an einem Strang zogen. Sobald interne Risse auftraten, litt auch die internationale Rolle Europas. Es spricht alles dafür, dass es auch bei der Umsetzung des European Green Deal so sein wird.

Europa hat sich zur Energiewende bekannt – nicht aus ideologischen Gründen oder weil der Kontinent blind gegenüber den damit einhergehenden Risiken wäre. Sondern weil in einer Welt, die durch geopolitische Ungewissheiten geprägt ist, die grüne Energiewende die klügste Wahl ist.

TEIL II
EUROPA IM ZEITALTER DER ENERGIEUNSICHERHEIT

Es gärt in Europa. Die Frage ist, ob es
Wein oder Essig wird.
Georg Christoph Lichtenberg

10
DEN BLICK ÜBER DIE GRENZEN EUROPAS RICHTEN

Im ersten Teil dieses Buchs habe ich beschrieben, wie Europa zum ersten klimaneutralen Kontinent werden kann. Emissionen senken, Energie sparen, Erneuerbare ausbauen – das sind einige der zu erledigenden Hausaufgaben. Es sind jene Dinge, die Europa innerhalb der eigenen Grenzen tun kann. So wichtig es ist, dass diese Hausaufgaben möglichst schnell und gründlich gemacht werden, sollte dabei nicht aus den Augen verloren werden, dass die EU nur für circa sieben Prozent der weltweiten Emissionen verantwortlich ist. Bis Ende des Jahrzehnts wird der weltweite Anteil der EU-Emissionen voraussichtlich auf fünf Prozent sinken. Da Treibhausgase kein nationales Mascherl besitzen und wir bekanntlich nur ein Klima auf dieser Erde haben, bedeutet das, dass die EU die weltweiten Klimaziele nicht alleine erreichen kann. Der Rest der Welt muss mitmachen. Es bringt nichts, wenn die EU eine grüne Insel in einer braunen Welt wird.[27]

Die Schlussfolgerungen für die internationale Politik sind vielfältig. Ein beträchtlicher Anteil der weltweiten Emissionen – circa ein Zehntel – ist nach wie vor auf Produkte zurückzuführen, die in Europa konsumiert werden. Die Emissionen aus der Herstellung eines nach Europa importierten T-Shirts aus Bangladesch, eines Mikrochips aus Taiwan oder

27 Grabbe, Heather, The EU cannot be a green island in a dirty world, Financial Times, 17.5.2022.

einer Avocado aus Mexiko sind nur ausgelagert. Emissionssenkungen zu Hause helfen also nur in dem Ausmaß, wie nicht weiterhin Produkte eingeführt werden, die anderswo mit schmutziger Energie hergestellt und danach unter großem Aufwand nach Europa geschifft oder geflogen werden. Die EU muss also schauen, dass die nach Europa führenden Lieferketten möglichst wenig CO_2 enthalten. Als riesiger Wirtschaftsraum hat die EU einen wirksamen Hebel für mehr Klimaschutz in anderen Weltregionen in der Hand. Es liegt in ihrer Verantwortung, diesen Hebel für die Gestaltung einer möglichst klimagerechten Globalisierung zu nutzen. Anders gesagt: Der Europäische Grüne Deal wird vor allem dann erfolgreich sein, wenn er einen weltweiten Grünen Deal fördert.

Als wäre es nicht schon schwierig genug, die Handelspartner Europas auf ihrem eigenen Weg zur Nachhaltigkeit zu unterstützen, ist die Situation aber noch komplexer. Die europäische Wirtschaft steht in einem harten Wettbewerb mit anderen Weltregionen. Unternehmen, die viel Geld in CO_2-einsparende Technologien investieren, um europäische Umweltauflagen zu erfüllen, können Nachteile auf dem Weltmarkt erleiden. Wenn sich europäische Industrieunternehmen absiedeln und grüner europäischer Stahl von schmutzigem Stahl aus China verdrängt wird, stünde Europa am Ende schlechter da und am weltweiten Ausstoß der Emissionen hätte sich nichts geändert. Für die Wirksamkeit und die Akzeptanz von Klimaschutz ist es daher entscheidend, dass Arbeitsplätze und Produktionsketten in Europa gehalten werden. Machen andere Weltregionen beim Dekarbonisierungsprogramm nicht mit, wird auch der interne Widerstand in Europa größer und die Spielräume, eine ambitionierte Klimapolitik durchzuziehen, werden kleiner.

Die wesentlichste internationale Verstrickung der Klima- und Energiepolitik liegt aber darin, dass wir uns Schritt für Schritt von unserem hohen Bedarf an fossilen Energieträgern, also von Kohle, Öl und Gas, verabschieden müssen. Das bedeutet, dass wir auch die damit verbundenen Abhängigkeiten beenden müssen. Derzeit ist Europa durch die Abhängigkeit von Öl und Gas doppelt verwundbar. Zum einen durch die damit befeuerte Klimakrise, die zu drei Viertel auf den Verbrauch fossiler Energien zurückzuführen ist. Zum anderen besteht auch eine geopolitische Verwundbarkeit, da in Europa so gut wie keine Vorkommen fossiler Energien mehr existieren. Die Richtung steht daher fest: weg vom Gas aus Russland, weg von Flüssiggas aus Katar, weg vom Öl aus Saudi-Arabien, hin zu einer autonomeren Energieversorgung, die sich langfristig in erster Linie aus erneuerbaren Energien speist. Auch wenn die genaue Bedeutung des Begriffs nicht ganz klar ist, meinte der ehemalige Präsident des Europäischen Rates, der Belgier Charles Michel: »Die strategische Autonomie ist die Herausforderung unserer Generation.«[28]

Nach dem Schock durch den Krieg Russlands in der Ukraine und den stark ansteigenden Energiepreisen ist diese Einsicht in der Mitte der Gesellschaft angekommen. Eine Reduktion der Einfuhren von Öl und Gas steht mittlerweile ganz oben auf der politischen Agenda. Wer es bereits früher sehen wollte, dem oder der blieb diese Einsicht aber schon vor dem Ukraine-Krieg nicht verborgen. Im Grunde sind die Gefahren fossiler Abhängigkeiten seit dem Ölpreisschock zu Beginn der siebziger Jahre bekannt. Die Tragweite dieser auf Europa zukommenden energiepolitischen Entflechtungen ist dennoch enorm. Einige Zahlen zur Veranschaulichung: Derzeit werden fast drei Viertel des Energiebedarfs in der EU durch fossile Energieträger gedeckt, davon werden über 60 Prozent der Energie in die

28 Michel, Charles, Europa, Macht im Werden, Der Grand Continent, 1.4.2022.

EU importiert. Die Energieeinfuhren kosteten im Jahr 2020 fast 1 Milliarde Euro pro Tag.[29] Gemäß den Plänen der Europäischen Kommission sollen die Einfuhren von Kohle so gut wie aufhören, die Importe von Erdgas um bis zu zwei Drittel verringert werden und jene von Erdöl um über drei Viertel.[30]

Zwar wird die EU angesichts der derzeit enormen Kosten für die Energieimporte letztendlich im internationalen Vergleich einer der Gewinner der Energiewende sein, die Übergangsphase wird trotzdem alles andere als reibungslos ablaufen. Die massiven Einbußen in den Exportländern im Nahen Osten, im Mittelmeerraum oder in den Ländern Zentralasiens werden auf Europa mit allen Konsequenzen zurückwirken. Zudem befinden wir uns in einer Phase der Weltunordnung, in der der Wettbewerb zwischen verschiedenen Weltgegenden immer schärfer wird. Neben der Energiewende wirken die Veränderungen durch die Klimakrise wie ein zusätzlicher Brandbeschleuniger und können bestehende Spannungen und Konflikte weiter verstärken.

Der Rückzug der Vereinigten Staaten aus dem Pariser Klimaübereinkommen im Jahr 2017 durch Donald Trump mag in Europa die Bereitschaft erhöht haben, eigene Wege zu gehen. Dies lässt sich auch an der durch den Europäischen Grünen Deal geplanten Einführung eines CO_2-Zolls an der EU-Außengrenze illustrieren. Ein derartiger europäischer Alleingang in Klimafragen wäre noch vor ein paar Jahren undenkbar gewesen – dazu später mehr. Ein solcher unilateral eingeführter Zoll kann durchaus als Beleg für das Ende einer gewissen europäischen Naivität gegenüber den wichtigsten Handelspartnern gelesen werden. Als selbst ernannte Hüterin der regelbasierten

29 Eurostat, Shedding light on energy in Europe – 2024 edition, 14.3.2024.
30 European Commission, Impact Assessment accompanying the document: Stepping up Europe's 2030 climate ambition, 17.9.2020.

internationalen Ordnung muss sich die EU aber noch stärker um die internationalen Folgen der eigenen Handlungen kümmern. Dazu braucht es jedoch ein außenpolitisches Erwachen. Angesichts des schwierigen internationalen Umfelds ist der derzeitige diplomatische Zugang viel zu bescheiden. Die externe Seite des Europäischen Grünen Deals wurde bislang vernachlässigt, das Augenmerk lag klar auf der inneren Dimension.

Europa ist weder eine Insel der Seligen noch ein abgeschlossener Wirtschaftsraum. Was beim Klimaschutz umgesetzt wird, hat großen Einfluss über die Grenzen Europas hinaus. Es geht darum, dieses Spannungsverhältnis zwischen den klimapolitischen Zielen und den außenpolitischen Auswirkungen zu meistern. Der alte Spruch, wonach die EU eine wirtschaftliche Macht, aber ein politischer Zwerg sei, erfreut sich nach wie vor einer gewissen Beliebtheit. Die EU kann den Weg zu einer Klima-Macht nutzen, um in Zukunft auch außenpolitisch in einer höheren Gewichtsklasse zu spielen. Dazu muss sich die EU noch stärker mit den globalen Auswirkungen des Europäischen Grünen Deals beschäftigen und die Möglichkeiten für internationale Zusammenarbeit ausloten. In diesem zweiten Teil des Buchs werde ich daher skizzieren, worin die geopolitischen Herausforderungen der Energiewende bestehen und wie sich die EU im Zeitalter der Energieunsicherheit international behaupten kann.

11
AUF DEM SPRUNG IN EINE NEUE ÄRA

Fossile Energiequellen haben in den letzten beiden Jahrhunderten die geopolitische Landkarte mitbestimmt. Kohle trieb die industrielle Revolution an, die wiederum die internationale Politik und Gesellschaft des 19. Jahrhunderts – denn ohne den Umstieg auf Kohle und die damit einhergehende Industrialisierung hätte sich keine Arbeiterschaft herausgebildet, das »Kommunistische Manifest« von Karl Marx und Friedrich Engels wäre ohne die damalige Energiewende nicht denkbar. Erdöl war wiederum der Treibstoff des 20. Jahrhunderts. Nicht nur die Autos, sondern auch die Wirtschaft und die Kriege des vergangenen Jahrhunderts wurden ganz wesentlich durch Erdöl befeuert. Schon der britische Außenminister Curzon meinte nach dem Ersten Weltkrieg, dass die »Alliierten auf einer Woge von Öl zum Sieg geschwommen« seien. Der Nachschub von Erdöl aus dem Nahen Osten blieb auch danach wichtiger als die Kohle aus Newcastle.

Auch wenn es für längere Zeit aus dem Blickfeld geraten ist und als selbstverständlich betrachtet wurde, ist die Versorgung mit Energie ganz wesentlich für das Funktionieren unserer Gesellschaft. Politische Macht und internationaler Einfluss sind eng mit der Kontrolle über Energieträger verflochten, gerade in Staaten, die reich an fossilen Brennstoffen sind. Wer die Energieressourcen kontrolliert, verfügt damit über einen strategischen Vorteil, sowohl im Krieg als auch im Frieden. Fanden die Supermächte zu Hause keine ausreichenden Vorräte an

Energieressourcen wie das Britische Weltreich in der ersten Hälfte des 20. Jahrhunderts oder die USA nach dem Zweiten Weltkrieg, dann wurden die zur Verfügung stehenden Machtmittel genutzt, um sich Einfluss und Kontrolle darüber zu sichern.

Mit einem in Zukunft auf Erneuerbaren basierenden Energiesystem geht nun das Versprechen einher, dass sich diese neue Welt durch weniger politische Konflikte, mehr wirtschaftliche Stabilität sowie durch gesundheitliche Vorteile für die Bevölkerung auszeichnen wird. Die Möglichkeiten für Verbesserungen gegenüber dem Status quo sind tatsächlich enorm. Das derzeitige fossile Energiesystem ist für circa drei Viertel der weltweiten Treibhausgase verantwortlich, mit den bereits skizzierten fatalen Folgen für das Klima und die Lebensgrundlagen auf unserem Planeten. Die gesundheitlichen Vorteile des Auslaufens der fossilen Energieträger wären in ihrer Tragweite kaum zu überschätzen. Die Verschmutzung durch das Verbrennen von Kohle, Öl und Gas kostet jedes Jahr über fünf Millionen Menschen das Leben. Damit sind die Sterblichkeitsraten infolge der hohen Luftverschmutzung noch höher als bisher angenommen.[31]

Aus wirtschaftlicher Sicht macht die hohe Konzentration der bestehenden Reserven in einigen wenigen Staaten Erdöl anfällig für das Auslösen geopolitischer Schocks. Der Ölpreis wird zudem in einem guten Maß durch die Entscheidungen eines Kartells, der OPEC, bestimmt, was über die Jahrzehnte immer wieder zu hohen Preisschwankungen geführt hat. Neben diesen oft unberechenbaren Auswirkungen auf die Weltwirtschaft sind viele Petrostaaten – von Venezuela über Nigeria bis zum Iran – durch ein hohes Maß an Korruption geprägt.

31 Gregory, Andrew, Air pollution from fossil fuels »kills 5 million people a year«, The Guardian, 30.11.2023.

Das abschreckende Beispiel dieser ressourcenreichen Staaten zeigt, dass der »Ressourcenfluch« real ist. Das »erste Gesetz der Petro-Politik«, postuliert vom *New-York-Times*-Kolumnisten Tom Friedman, geht sogar so weit, einen direkten Zusammenhang zwischen einem hohen Ölpreis und dem Rückgang weltweiter Freiheitsrechte herzustellen. Ölprofite höhlen demnach demokratische Institutionen aus.[32]

Neben der unrühmlichen historischen Rolle von Erdöl bei der Entstehung von Konflikten nutzen gerade autoritäre Staaten ihren Energiereichtum regelmäßig dafür aus, ihre außenpolitischen Ziele zu verfolgen. Das Ölembargo der OPEC im Jahr 1973 ist nur das bekannteste Beispiel. Zwar sind ausschließliche Ölkriege sehr selten, da immer auch andere Faktoren bei der Entstehung von Konflikten eine Rolle spielen. Gleichzeitig würde niemand auf die Idee kommen, Öl, Gas und Kohle als Friedensstifter zu bezeichnen. Gerade der Zugang zu fossiler Energie war in den vergangenen Jahrzehnten häufig Auslöser für Auseinandersetzungen. Nach dem Global Peace Index, der die Friedfertigkeit von 163 Staaten untersucht, sind die Exportländer fossiler Energie häufiger in kriegerische Auseinandersetzungen verwickelt als Importländer.[33] Es lässt sich daher mit gutem Recht behaupten, dass fossile Energieträger Staaten autoritärer und aggressiver machen. Aktuellstes Beispiel dafür ist natürlich Russland, das sich in erster Linie durch die Einnahmen aus dem Verkauf von Öl und Gas wirtschaftlich über Wasser halten kann. Ohne die horrend hohen Zahlungen Europas an Russland über die letzten Jahrzehnte für den Verkauf von Öl und Gas, die auch in die Aufrüstung des russischen Militärs flossen, ist dieser Krieg in dieser Dimension nur sehr

32 Friedman, Tom, The First Law of Petropolitics, Foreign Policy, 16.10.2009.
33 Institute for Economics & Peace. Global Peace Index 2023: Measuring Peace in a Complex World, Sydney, June 2023.

schwer vorstellbar. Ausländische Devisen füllen die russische Kriegskasse an und lassen den sprichwörtlichen Rubel rollen. Gerade am Ukraine-Krieg lässt sich ohne Übertreibung feststellen, dass fossile Energien militärische Konflikte befeuern.

Es war genau diese fatale Abhängigkeit von den fossilen Energieträgern, die UNO-Generalsekretär António Guterres nach dem Schock des russischen Angriffskriegs dazu bewogen hat, »Erneuerbare als Friedensplan des 21. Jahrhunderts« zu bezeichnen. Mit einigem Pathos wurden die Erneuerbaren als Friedens- und als »Freiheitsenergien« bezeichnet. Die Forderung nach einer Energiepolitik, die Konflikte möglichst vermeidet, lässt sich aber auch wirtschaftlich argumentieren. Während die Kosten für Erdöl und Erdgas großen Schwankungen unterworfen sind, sind die Kosten für Sonnenenergie und Batterien laut Weltklimarat in den letzten zehn Jahren um 85 Prozent gesunken, die für Windenergie um 55 Prozent. Investitionen in erneuerbare Energien schaffen zudem dreimal so viele Arbeitsplätze wie Investitionen in fossile Brennstoffe.[34] Wir brauchen daher in den nächsten Jahrzehnten keine Brücken mehr, wir stehen bereits am anderen Ufer.

Erneuerbare sind zudem – trotz Unterschieden zwischen Gebieten mit mehr Sonne und jenen mit mehr Wind – viel gleichmäßiger über die Welt verteilt als fossile Energieträger. Wenn man einen Blick auf die langsam Gestalt annehmende Weltkarte der erneuerbaren Energien wirft und sie dabei über die Weltkarte der Fossilen legt, werden die Unterschiede zwischen alt und neu deutlich. Die Karte der fossilen Energien ist gekennzeichnet durch eine hohe geografische Konzentration der Vorkommen, durch enorme grenzüberschreitende Han-

34 Guterres, António, Die Welt steht in Flammen. Wir brauchen eine Revolution hin zu erneuerbaren Energien, Pressemitteilung, 17.7.2022, https://unis.unvienna.org/unis/de/pressrels/2022/unisinf581.html.

delsströme und durch sehr hohe Gewinne für alle Beteiligten. Auf so einer Karte sticht der Reichtum der Golfstaaten, das Erdgas-Bonanza Russlands oder das »schwarze Gold« von Texas ins Auge. Auf der neuen Karte der Erneuerbaren gibt es dagegen keine Region, wo Wind, Sonne oder Wasserkraft ähnlich konzentriert wären. Diese Energiequellen kommen weltweit fast überall vor – in Form einer PV-Anlage auf einem Parkplatz oder eines Windparks neben einem Industriegelände. Diese grundlegende Unterscheidung zwischen den stark konzentrierten fossilen Brennstoffen und der weitverbreiteten Verfügbarkeit von erneuerbaren Energien wird die Dynamik der Energiegeopolitik in der kommenden Ära neu definieren.[35] Genau diese bessere Verfügbarkeit macht Erneuerbare auch zu einer demokratischeren Energieform als Fossile.

Durch das Zusammenspiel der unterschiedlichen Energiequellen wie Sonne, Wasser, Wind und Geothermie entsteht zudem eine hohe Resilienz gegen Energieausfälle und damit eine bessere Versorgungssicherheit. Es gibt einen weiteren grundlegenden Unterschied. Sobald Anlagen für erneuerbare Energien installiert sind, verfügt der Betreiber über viel größere Unabhängigkeit und ist nicht auf das ständige Fließen von Nachschub wie bei Erdgas oder Erdöl angewiesen. Kurzfristig mag dieser Vorteil weniger stark ins Gewicht fallen, langfristig ist dieser strukturelle Unterschied aber von enormem Wert. Mit erneuerbaren Energien gewinnen wir also zumindest doppelt: Es wird sowohl der Klimaschutz gefördert als auch die Energiesicherheit.

Die Zeichen stehen gut, dass das Vermächtnis der globalen Energiekrise durch den Ukraine-Krieg darin bestehen wird, das

35 Van de Graaf, Thijs; Kribbe, Hans; Van Middelaar, Luuk, Energy Diplomacy. Europe's New Strategic Mission, Brussels Institute for Geopolitics, März 2024.

Ende des fossilen Zeitalters einzuläuten. Die Politik zur Förderung der Erneuerbaren zeigt Wirkung, das Tempo des Wandels in den wichtigsten Märkten nimmt stark zu. In den letzten Jahrzehnten lag der Anteil von Kohle, Erdöl und Erdgas an der weltweiten Energieversorgung relativ stabil bei 80 Prozent. Dieser Anteil beginnt nun – wenngleich aufgrund des wachsenden Energiehungers nur langsam – zu sinken, die jährlichen Zuwachsraten der Erneuerbaren sind dagegen spektakulär. Bei einer Weiterführung des derzeitigen Kurses ist es durchaus im Bereich des Möglichen, dass – wie bei der Weltklimakonferenz COP28 in Dubai im Dezember 2023 als Ziel vereinbart – die jährliche Kapazität der Erneuerbaren bis 2030 verdreifacht wird. Laut den Prognosen der Internationalen Energieagentur IEA wird der Höhepunkt der fossilen Emissionen noch vor 2030 erreicht werden, danach wird ihr Anteil kontinuierlich sinken. Bis zur Mitte des Jahrhunderts könnte diesen Szenarien zufolge der Anteil für Erdgas und Erdöl um bis zu 75 Prozent fallen. Erneuerbare könnten im Gegenzug bis dahin 45 bis 60 Prozent der weltweiten Stromproduktion ausmachen.[36] Auch das Potenzial für erneuerbare Energien in Europa sollte nicht unterschätzt werden. Der Kontinent verfügt über ausreichende Sonnen- und Windressourcen, um seinen Strombedarf bis 2050 vollständig aus erneuerbaren Quellen zu decken.[37]

»Fünfzig Jahre nach dem ersten Ölschock verfügt die Welt über dauerhafte Lösungen zur Bekämpfung der Energieunsicherheit, die auch zur Bewältigung der Klimakrise beitragen können«, so nochmals die IEA. Wir haben es mit einem Boom der Erneuerbaren zu tun – und trotzdem reicht selbst dieser

36 IEA, Energy Outlook 2023.

37 Ruiz Castello, Pablo et al., ENSPRESO – an open, EU-28 wide, transparent and coherent database of wind, solar and biomass energy potentials, Energy Strategy Reviews 26, 2019.

Boom nicht aus. Die Nachfrage nach Erdöl, Gas und Kohle ist immer noch zu hoch, um die globalen Klimaziele zu erreichen. Die Gefahren einer zu langsamen Energiewende und einer davongaloppierenden Erderhitzung sind real. Hier kommt nun die Geopolitik ins Spiel. Der Faktor Geopolitik könnte sich als entscheidend für den Erfolg oder Misserfolg des weltweiten Strebens hin zu einem erneuerbaren Energiesystem und zu mehr Energiesicherheit erweisen. Gerade in Zeiten der unzureichenden internationalen Zusammenarbeit sind die geopolitischen Risiken des Übergangs beträchtlich.

12 GEWINNER UND VERLIERER DER ENERGIEWENDE

Die Forschung zur Geopolitik der Energiewende ist vergleichsweise jung. Viele der verwendeten Annahmen stammen aus der Zeit eines ausschließlich fossilen Energiesystems. Dabei wird oft unterschätzt, wie wenig sich viele der zukünftigen Entwicklungen an der Vergangenheit orientieren werden. Mit dem Denken von gestern ist es schwer, brauchbare Zukunftsbilder zu erstellen. Dafür ist das Ausmaß der bevorstehenden Veränderungen zu groß und der dafür benötigte Zeitraum zu lang, dafür hängt das Damoklesschwert Klimawandel bereits zu tief über unseren Köpfen.

Wer sich Gedanken über die Dimension der Energiewende macht, sollte sich daher zunächst das Zitat des Science-Fiction-Autors William Gibson vergegenwärtigen: »Die Zukunft ist bereits da, sie ist nur ungleich verteilt.« Das lässt sich auf die globale Energiewende umlegen, bei der die Ausgangslage für die Staaten sehr unterschiedlich ist. Einige Staaten sind schon sehr weit auf dem Weg zu einer nachhaltigen Energienutzung, während viele andere noch sehr stark auf fossile Brennstoffe für Wärme, Strom, Kühlung und Transport angewiesen sind. An einem Ende des Spektrums befindet sich ein Land wie Norwegen, das bereits weit fortgeschritten ist, seine Abhängigkeit von den Öleinnahmen zu beenden und die Dekarbonisierung der Wirtschaft voranzutreiben. Am anderen Ende des Spektrums verringert beispielsweise Nigeria weder seine Abhängigkeit von den Öleinnahmen noch seinen Ölverbrauch.[38] Wenngleich es viele Variablen gibt, steht doch fest, dass die Karten durch die Umstellung unserer Energiesysteme neu gemischt werden. Genauso wie dieser Prozess nicht ohne Verlierer auskommen wird, wird es auch Gewinner geben.

Wie kann eine neu vermessene Energielandkarte aussehen? Nach heutigem Stand wird China die größten strategischen Vorteile aus der Energiewende ziehen und damit seine geopolitische Position weiter verbessern. China ist zwar mit der Herausforderung konfrontiert, die größte weltweite Kohleindustrie in den nächsten Jahrzehnten auslaufen zu lassen. Gleichzeitig wird China in Zukunft mehr Energie selbst produzieren und so über die nächsten Jahrzehnte seine Abhängigkeit von Öl- und Gaseinfuhren aus dem Nahen Osten und Russland reduzieren. Zudem hat sich China bereits jetzt eine Position als Marktführer bei vielen Technologien erarbeitet. Innerhalb kurzer Zeit ist es dem Land gelungen, sich dank seiner Expertise in technologischen Fragen an die internationale Spitze zu stellen und zum Champion vieler Zukunftsmärkte zu avancieren. So dominiert China die Herstellung von Solarpaneelen, Elektroautos oder Batteriespeichern. Es sollte auch nicht außer Acht gelassen werden, dass die chinesische Bevölkerung von der verbesserten Luft- und Wasserqualität in den Großstädten profitieren wird.

Die Abhängigkeit des Westens von China bei den für die Energiewende nötigen Rohstoffen hat in vielen Hauptstädten bereits die Alarmglocken schrillen lassen – ich werde darauf in einem späteren Kapitel noch zurückkommen. Diese Abhängigkeit von China zu reduzieren, ist eine der wesentlichen Herausforderungen für Europa. Gleichzeitig sollte nicht der Fehler be-

38 Kolbe, Paul; Finley, Mark, Winners and losers in an uneven energy transition, The Oxford Institute for Energy Studies 126, 41–45, Februar 2021.

gangen werden, die Dynamiken aus der Öl-Abhängigkeit vom Nahen Osten eins zu eins auf die neuen Abhängigkeiten von China zu übertragen. Trotz der derzeitigen Marktführerschaft Chinas funktionieren die geopolitischen Hebel ganz anders als die Abhängigkeit von Saudi-Arabien beim Erdöl oder beim Erdgas von Russland, das – es wird mitunter vergessen – Erdgas bereits in den Jahren 2006 und 2009 als geopolitische Waffe einsetzte, als es die Gaslieferungen nach Osteuropa mitten im Winter abdrehte. Sollte China die Ausfuhr von Solarpaneelen in ähnlicher Weise einschränken, würde dass zwar die Energiewende ins Stocken bringen, aber die Lichter in Europa würden nicht ausgehen. Diese geopolitische Waffe würde zudem nur einmal greifen. Die starke Marktposition Chinas würde sich danach nicht mehr erholen und andere Regionen würden über kurz oder lang die fehlende Produktion ausgleichen. Ähnlich würde eine Einschränkung der Batterieausfuhren durch China die Preise für Elektroautos zwar steigen lassen, aber die Mobilität der Menschen im Westen wäre dadurch nicht eingeschränkt. Im Gegenteil, im Alltag wären solche Maßnahmen so gut wie nicht spürbar. Im Gegenzug würde der bereits jetzt feststellbare Trend zur Regionalisierung der Lieferketten weiter Auftrieb bekommen. All das bedeutet nicht, dass die Abhängigkeit von China bei vielen zukunftsweisenden Produkten im Westen kein Grund zur Sorge wäre. Es bedeutet aber sehr wohl, dass die geopolitischen Auswirkungen weniger geradlinig sind, als sie derzeit oft dargestellt werden.[39] Allzu oft wird ignoriert, dass erneuerbare Energien viel dezentraler und gleichmäßiger über die Welt verteilt sind. Das macht es unwahrscheinlich, dass mittelbis langfristig einige wenige Staaten den Markt so dominieren werden, wie es im fossilen Zeitalter der Fall war.

39 Bordoff, Jason, Everything You Think About the Geopolitics of Climate Change Is Wrong, Foreign Policy, 5.10.2020.

Trotz der großen Abhängigkeit von kritischen Rohstoffen wird auch Europa zu den geopolitischen Gewinnern gehören, da es sehr viel autonomer sein wird und seine Energieausgaben mittelfristig günstiger ausfallen werden als durch die Öl- und Gasrechnungen heute. Auch kleinere Länder wie Schweden, Dänemark, Uruguay, Marokko oder Kenia werden dank ihres Potenzials, erneuerbare Energien und die damit einhergehenden Technologien zu exportieren, einen größeren Einfluss gewinnen. Durch die Atacama-Wüste als einen der bestgeeigneten Orte für die Erzeugung von Sonnenstrom sowie für Wind-, Wasserkraft und Geothermie zählt auch Chile zu den potenziellen Nutznießern.[40] Indien kann ebenfalls zu den Netto-Gewinnern des Umbruchs gehören. Es zählt zwar zu jenen Ländern, die bereits jetzt unter starkem ökologischem Stress und Hitzetagen von 50 Grad Celsius leiden, hat aber auch ein riesiges Erneuerbaren-Potenzial. Aufgrund von Bevölkerungswachstum und Energiehunger wird Indien aller Voraussicht nach allerdings noch länger fossilabhängig sein. Auch die Vereinigten Staaten werden sich zu den Gewinnern zählen dürfen. Auf der einen Seite ist die USA zwar in den letzten Jahren zum größten Erdölexporteur aufgestiegen und hat es geschafft, in Europa russisches Erdgas durch Flüssiggas-Exporte zu ersetzen. Auf der anderen Seite haben die USA aufgrund der Dynamik ihres Wirtschafts- und Forschungssektors alle Chancen, zum bestimmenden Spieler in dieser neuen industriellen Revolution zu werden.

Als klarer Verlierer gilt Russland, der weltweit größte Gasexporteur und der zweitgrößte Ölexporteur. Der russische Staatshaushalt ist extrem stark vom Export von Öl und Gas abhängig und die fossilen Lobbys innerhalb des Staates sind derart einflussreich, dass es kaum Bemühungen um eine Di-

40 Overland, Indra, The GeGaLo Index: Geopolitical gains and losses after energy transition, Energy Strategy Reviews 26, 2019.

versifikation, also eine Verbreiterung des Wirtschaftsmodells, gibt. Am besten lässt sich diese Einseitigkeit daran ablesen, dass die beiden staatlich kontrollierten Gas- und Öl-Unternehmen Gazprom und Rosneft circa zwölf Prozent des russischen Bruttonationaleinkommens und über ein Viertel der staatlichen Einnahmen ausmachen. Zwar ist Russland ein vergleichsweise günstiger Produzent, aber weite Teile der Infrastruktur sind veraltet und benötigen Investitionen – kein leichtes Unterfangen angesichts der vom Westen gegen Russland verhängten Sanktionen. Die Aussichten Russlands wurden bereits mit dem »Kodak-Moment« verglichen.[41] Dabei handelt es sich um eine Anspielung auf das einstmals über die Maßen erfolgreiche Unternehmen Kodak, das 2003 noch hohe Gewinne erzielte, danach aber die fatale Fehlentscheidung traf, die digitale Fotografie für ein Nischenprodukt zu halten. Neun Jahre später war Kodak bankrott.

Es kann Länder destabilisieren, die stark auf die Einnahmen aus fossilen Brennstoffen angewiesen sind, wo die Ölindustrie das Rückgrat des Wirtschaftsmodells bildet. Der Gesellschaftsvertrag basiert oft darauf, den Mangel an politischen Rechten mit Leistungen aus den Öl-Einnahmen auszugleichen, weshalb sinkende Einnahmen aus fossilen Quellen zu sozialen und politischen Spannungen führen können. Dies könnte zu einem Machtvakuum in einigen der Staaten führen – eines der größten Risiken der Energiewende. Investitionen in fossile Projekte laufen zudem Gefahr, zu verlorenen Vermögenswerten, sogenannten »stranded assets«, zu werden, da Infrastrukturprojekte in der Regel darauf ausgelegt sind, über einen sehr langen Zeitraum genutzt zu werden. Laut dem Weltklimarat könnten Investitionen in Kohle bereits in wenigen Jahren verloren sein.

41 Overland, Indra, Is this Russia's Kodak Moment?, The Oxford Institute for Energy Studies, Februar 2021.

Eine weitere Konsequenz ist der damit einhergehende geopolitische Bedeutungsverlust. Sie werden ihre Vorteile aus den konzentrierten Beständen aus Erdöl und Erdgas verlieren, die durch den sehr viel weiter verbreiteten Zugang zu Sonne, Wind und Wasser ersetzt werden. Ähnlich argumentiert IRENA, die Internationale Agentur für Erneuerbare Energie mit Sitz in Abu Dhabi. In einer der ersten groß angelegten Studien mit dem Titel »A New World«[42] skizziert sie, wie jene Staaten, die historisch wegen ihres Exports fossiler Energie geopolitischen Einfluss genossen, einen Bedeutungsverlust erleiden werden. Angesichts des riesigen Anteils der Öleinnahmen an ihrer Wirtschaftsleistung wird davor gewarnt, dass drohende Veränderungen diese Staaten destabilisieren könnten. Es wird darin sogar ein Vergleich mit dem Rückgang der Ölpreise in den achtziger Jahren gezogen, der einer der Faktoren für den Zusammenbruch der Sowjetunion und damit für das Ende des Kalten Krieges war.

Gleichzeitig ist das Feststellen von Gewinnern und Verlierern nicht so einfach, wie es auf den ersten Blick aussieht. »Alles, was Sie über die geopolitischen Auswirkungen der Klimakrise wissen, ist falsch«, so der US-Energieexperte und ehemalige Obama-Berater Jason Bordoff.[43] Gerade in Hinblick auf die Ölstaaten sind die geopolitischen Konsequenzen komplex. Die Weltkarte wird tatsächlich Petrostaaten sehen, die sehr stark unter Druck geraten – es wird aber auch solche geben, die zunächst noch florieren.

Nach dem baldigen Höhepunkt der Nachfrage nach Erdöl wird es zu einem sehr harten Wettkampf der Förderländer

42 IRENA, A New World: The Geopolitics of the Energy Transformation, 2019.

43 Bordoff, Jason, Everything You Think About the Geopolitics of Climate Change Is Wrong.

kommen, das letzte Land zu sein, das sich in der Produktion halten kann. Durch die strenger werdenden Klimavorschriften sind dabei jene Petrostaaten im Vorteil, die die geringste CO_2-Intensität entlang des gesamten Produktionszyklus aufweisen. Die Golfstaaten verfügen über die beste Ausgangsposition, da sie in der Lage sind, effizient zu produzieren, und sehr niedrige Öl-Förderkosten haben. In einer schrumpfenden Ölindustrie wird der Anteil der OPEC-Staaten an der globalen Produktion voraussichtlich aufgrund ihrer geringeren Kosten und Emissionen ansteigen. Der Markt wird für sie noch für längere Zeit lukrativ bleiben, was ihren Einfluss noch erhöhen würde. Nachrichten von einem bevorstehenden Niedergang von Staaten wie Saudi-Arabien oder den Vereinigten Arabischen Emiraten sind demnach übertrieben. Produzenten mit höheren Kosten wie Angola oder Aserbaidschan werden dagegen damit zu kämpfen haben, nicht aus dem Markt verdrängt zu werden.

Es ist auch nicht klar, ob der Ölpreis durch die sinkende Nachfrage auch tatsächlich wie vorhergesagt abstürzen wird. Es wirken verschiedene Kräfte ein, was in der Übergangszeit zu großen Preisschwankungen führen kann. Es ist gut möglich, dass durch die niedrigeren Investitionen auch die Produktion rasch zurückgehen wird. Dies kann zur Folge haben, dass das Angebot noch schneller einbricht als die Nachfrage – was wiederum die Einnahmen der Golfstaaten für einige Jahrzehnte sprudeln lassen würde. Diese höheren Energiepreise könnten im Gegenzug wiederum den Ausbau der Erneuerbaren und der damit einhergehenden Technologien beschleunigen. Gerade Saudi-Arabien investiert sehr viel in die Diversifizierung der Wirtschaft und wird billige erneuerbare Energien erzeugen können, die als Strom oder in Form von grünem Wasserstoff auch exportiert werden.

Die Energiewende wird auch große Auswirkungen auf die Globalisierung haben. Eine dekarbonisierte Welt wird stärker auf Elektrizität angewiesen sein – und eine Welt, die stärker auf Elektrizität angewiesen ist, wird weniger Handel mit Energie sehen. Der billigste und einfachste Weg, die Wirtschaft zu dekarbonisieren – von Benzinautos bis Gasheizungen – ist, sie zu elektrifizieren und dabei sicherzustellen, dass die Elektrizität aus kohlenstofffreien Quellen erzeugt wird. Im Vergleich zu Öl und Gas wird Elektrizität viel wahrscheinlicher lokal oder regional produziert, was auch daran liegt, dass Strom schwieriger und teurer über lange Distanzen zu transportieren ist.[44]

Zusammengefasst lässt sich sagen, dass der Umstieg auf Erneuerbare positive Auswirkungen auf die internationalen Beziehungen haben wird. Es ist tatsächlich plausibel, dass eine grüne Zukunft friedlicher wird als Vergangenheit und Gegenwart. Die Beziehungen zwischen den Staaten werden symmetrischer werden und das Machtgefälle wird kleiner als im fossilen Zeitalter. Die Übergangsphase wird aber zweifelsohne schwierig werden. Die zukünftige geopolitische Welt der Energie wird durch eine Mischung aus einer aufstrebenden Welt der Erneuerbaren und der bisherigen Welt der fossilen Energie geprägt sein. Diese beiden Welten werden für mehrere Jahrzehnte nebeneinander bestehen.[45] Wir sollten daher nicht erwarten, dass der durch die Klimakrise bedingte Übergang auf ein neues wirtschaftliches und technologisches Modell ausschließlich friedlich sein wird. Was uns die Geschichte sehr wohl lehren kann, ist, dass die Phasen des Übergangs nicht nur als Chance, sondern von den Verlierern als Bedrohung ver-

44 Bordoff, Jason; O'Sullivan, Meghan, Green Upheaval, Foreign Affairs, Januar/Februar 2022.

45 Hafner, Manfred; Tagliapietra, Simone, The Geopolitics of the Global Energy Transition, Lecture Notes in Energy 73, Springer Open, 2020.

standen werden. Es sind selten Zeiten, die sich durch Ordnung und Stabilität auszeichnen. Das Vereinigte Königreich wurde als Vorreiter der fossilen Industriellen Revolution zum globalen Imperium. Die Vereinigten Staaten ergriffen eine ähnliche Chance, indem sie die technologischen Veränderungen der zweiten industriellen Revolution zu nutzen wussten.[46]

Die geopolitischen Risiken der Energiewende sind demnach real. Sie sind aber kein Grund dafür, eine Pause beim Klimaschutz einzulegen und die Energiewende abzubremsen, im Gegenteil: Die geopolitischen Risiken sind vergleichsweise klein gegenüber den Auswirkungen einer ungezügelten Erderhitzung. Neben der Gefahr, dass die Wende zu schnell passiert, gibt es die größere Gefahr, dass sie viel zu langsam passiert. Trotzdem ist es für Entscheidungsträgerinnen und Entscheidungsträger in Europa wichtig, ein besseres Verständnis dafür zu bekommen, dass sie vor einer doppelten Herausforderung stehen, nämlich der Bekämpfung der Klimakrise und der Sicherung der Energieversorgung. Nirgendwo werden diese Risiken so gut veranschaulicht wie am Beispiel Russland.

46 Maçães, Bruno, A New Technological Order, The Geopolitics of Climate Change, Policy Exchange, 2021, 56–58.

13
DIE FATALE ABHÄNGIGKEIT VON RUSSLAND

Für Europa war der Ausbruch des russischen Angriffskriegs auf die Ukraine wie ein Erwachen aus einem jahrelangen Dornröschenschlaf. Als in der Nacht des 24. Februar 2022 Russland Dutzende Raketen in Richtung Ukraine abfeuerte, wachten auch die europäischen Gesellschaften in einer neuen Welt auf. Gleichzeitig war dieser Krieg der Auslöser der ersten »echten globalen Energiekrise«, so Fatih Birol, der Leiter der Internationalen Energieagentur. Es gab zwar auch in den siebziger Jahren zwei Ölkrisen, aber im Unterschied zu damals waren dieses Mal neben Öl auch Gas und Kohle betroffen. Zudem war das Land, das die Ukraine angriff, »nicht irgendein Land, sondern weltweit der wichtigste Öl- und Gasexporteur«.[47] Eine Folge des Ukraine-Kriegs und der starken energiepolitischen Abhängigkeit Europas von Russland war, dass die klimapolitischen Ziele der EU einen sehr viel stärkeren geopolitischen Charakter bekamen. Das Verhalten Russlands veranschaulichte so gut wie niemals zuvor das Zusammenspiel zwischen Außen- und Sicherheitspolitik auf der einen Seite und Klima- und Energiepolitik auf der anderen Seite.

Dabei hatte sich Russland vom Ziel einer stärkeren Integration in die als ungerecht und vom Westen dominierte Weltordnung bereits Jahre zuvor abgewandt. Spätestens die Rede

47 Uken, Marlies, »Wir erleben die erste globale Energiekrise«, Zeit online, 22.4.2022.

des russischen Präsidenten Wladimir Putin auf der Münchner Sicherheitskonferenz 2007 stellte einen Wendepunkt im Verhältnis zwischen Russland und dem Westen dar. Aus der Sicht Moskaus war die Zeit angebrochen, um die bestehende Sicherheitsarchitektur infrage zu stellen und eine neue, multipolar ausgerichtete Weltordnung zu schaffen, in der die großen Mächte eigene Sphären des Einflusses besitzen würden. Damit schloss sich langsam das Mondfenster zu einer dauerhaften Stabilisierung Europas, das sich nach dem Ende des Kalten Krieges geöffnet hatte. Rückblickend kann es als Ausdruck der geopolitischen Unbedarftheit gesehen werden, zu lange nicht wahrgenommen zu haben, dass die harten Gesetze der Machtpolitik auch in Europa nichts von ihrer Gültigkeit verloren haben.[48]

Dabei gehen die Warnungen vor einer zu starken Abhängigkeit der europäischen Gasversorgung lange zurück. Schon in den achtziger Jahren übten die USA starken Druck aus, eine Pipeline, die sibirisches Erdgas nach Europa bringen sollte, wieder auf Eis zu legen. Trotz aller Bedenken wurde das Projekt umgesetzt, der Bedarf nach billigem russischem Gas war einfach zu groß. Allein »zwischen 1991 und 2006 gab es mindestens 55 Fälle, in denen Gazprom beziehungsweise Russland seine Gaslieferungen stoppte oder zumindest damit drohte«. Was heute so offensichtlich ist, war bereits damals ein erkennbares Muster, nämlich dass Erdgas von Russland als Waffe eingesetzt wird und ein etabliertes Instrument der russischen Außenpolitik darstellt. In der russischen Presse wurde das außenpolitische Gewicht von Gazprom mit der Bedeutung der russischen Nuklearwaffen verglichen.[49] Die klarsten Worte

48 Petritsch, Wolfgang, Epochenwechsel. Unser digital-autoritäres Jahrhundert, Brandstätter Verlag, 2018.

49 Lechner, Herbert, An der Gasleine. Zur Geschichte der Abhängigkeit Österreichs von russischem Erdgas, Österreichische Energieagentur, Februar 2023.

findet die Europäische Kommission 2008, wonach Russland bereits nach der Rede Putins in München mit seiner scharfen Kritik an der westlichen Ordnung und der militärischen Intervention in Georgien bewiesen habe, dass er zu einem massiveren Eingreifen bereit ist.[50] Nach dem ersten Ukraine-Krieg 2014 entzündete sich die europäische Diskussion am Bau von Nord Stream 2, einer Ostsee-Gaspipeline, die von Russland nach Deutschland verläuft. Zwar wussten alle Entscheidungsträger, dass der Bau dieser Pipeline eine große außen- und sicherheitspolitische Dimension hat, es wurde aber trotzdem behauptet, dass es eine rein privatwirtschaftliche Entscheidung sei und Kritik alleine daher komme, dass Transitländer wie die Ukraine um ihre Einnahmen fürchteten. Noch herrschte die Illusion, dass die Energiebeziehungen mit Russland von den übrigen, sich verschlechternden Beziehungen mit Moskau isoliert werden könnten.

Erst mit dem russischen Angriffskrieg auf die Ukraine trat ins allgemeine Bewusstsein, dass Energie und Rohstoffe das dunkle Herz des Regimes von Wladimir Putin darstellen. Die posthistorische Blase des unerschütterlichen Vertrauens in wirtschaftliche Verbandelungen war endgültig geplatzt. Seit seiner Amtsübernahme wurden mehrere Billionen Dollar für Öl- und Gasexporte an Russland überwiesen. Mit diesen Einnahmen wurden wiederum die Panzer, Drohnen und Raketen bezahlt, die im Krieg gegen die Ukraine eingesetzt werden. Ein weiterer Effekt des fossilen Reichtums Russlands war die Schaffung eines oligarchischen Systems, mit dem repräsentative Politik im Keim erstickt werden konnte. Der russische Staat zeigt exemplarisch die schädlichen Auswirkungen der fossilen Abhängigkeit nach innen wie nach außen.

50 Ebenda.

Die Handelsbeziehungen zwischen Europa und Russland drehten sich stets um Energiefragen. Selbst am Höhepunkt des Kalten Krieges floss Energie durch den Eisernen Vorhang nach Europa. Die Energiebeziehungen waren angesichts der gegenseitigen Abhängigkeiten schon damals von der Hoffnung getragen, dass diese von geopolitischen Turbulenzen abgeschirmt werden könnten. Auf Grundlage dieser Annahme schlitterte Europa sehenden Auges in eine immer größer werdende, historisch gewachsene Abhängigkeit von russischen Energielieferungen. Zu Beginn des Krieges 2022 machte Energie schließlich bis zu 60 Prozent der europäischen Importe aus Russland aus. Der Anteil Russlands am Gasverbrauch in Österreich befand sich über die letzten zehn Jahre bei etwa zwei Drittel, in Deutschland war er mit circa 55 Prozent nur geringfügig niedriger. Auch Staaten wie Ungarn oder Lettland hingen in vergleichbarer Form an der russischen Gasleine. Diese wirtschaftlichen Verflechtungen dienten daher nicht der Friedenssicherung, die hohe Abhängigkeit europäischer Staaten könnte Russland im Gegenteil »in der falschen Sicherheit gewogen haben, dass der Angriff zu keiner heftigen Sanktionierung führen würde«, so der Professor für internationale Politik Carlo Masala.[51] Dabei wurde auch übersehen, dass die wirtschaftlichen Verflechtungen sehr einseitig waren. Die europäischen Staaten waren vom russischen Gas abhängiger, als Russland von den europäischen Devisen abhängig war.

Nach Ausbruch des Krieges stiegen nicht nur die Energiepreise rasant, Moskau drehte auch den Gashahn zu Ländern wie Finnland oder Polen zu und die Lieferungen über die Ukraine wurden eingeschränkt. Diese große Energiekrise traf Europa inmitten einer Energiewende weg von fossilen Brennstoffen.

51 Masala, Carlo, Warum die Welt keinen Frieden findet, Brandstätter Verlag, 2024.

Europa war damit doppelt gefordert, die Energieabhängigkeit zu verringern: zum einen ganz grundsätzlich angesichts der Klimakrise, die eine generelle Abkehr von fossilen Brennstoffen notwendig macht, zum anderen so schnell wie möglich weg von Energie aus Russland, das sie als wirtschaftliche und politische Waffe einsetzt.

Angesichts der drohenden Wirtschaftskrise gaben die europäischen Regierungen Milliardenbeträge für die Unterstützung der unter den schwindelerregend hohen Energiepreisen leidenden Bevölkerung und Unternehmen und die Sicherung der Gasvorräte aus. Trotz der großen Solidarität mit der ukrainischen Bevölkerung wurde jeden Tag rund eine Milliarde Euro für Gasimporte nach Russland überwiesen, was wiederum Moskaus Kriegsanstrengungen half. Die Summen für die Unterstützung der Ukraine oder gar für militärische Ausgaben verblassten daneben. Den Europäern wurde so die harte Wahrheit bewusst, dass die Beseitigung ihrer Abhängigkeit von russischer Energie eine strategische, ja sogar eine existenzielle Priorität war.

Trotzdem gibt es seit Beginn des Krieges Stimmen, die behaupten, dass die neue geopolitische Lage die europäische Vision der Energiewende obsolet machen würde. Vielerorts wurde bereits das Ende des European Green Deal ausgerufen. Die Entwöhnung von russischem Gas konnte allerdings nicht über Nacht erfolgen. Die Europäische Kommission rief als Antwort auf die Energiekrise im Mai 2022 das Programm REPowerEU ins Leben. Eines der Ziele war, durch Energiesparen den Gasverbrauch in Europa zu senken. Energiesparen gilt seit jeher als Königsweg, um die Klimaziele zu erreichen, da es ressourcenschonend und vergleichsweise günstig ist. Obwohl die Maßnahmen allesamt freiwilliger Natur waren, konnte nach einigen Anlaufschwierigkeiten die Gasnachfrage auf dem

Kontinent – auch infolge der hohen Preise – gesenkt werden. Rückblickend lässt sich feststellen, dass trotz aller Unkenrufe in Europa die Lichter nicht ausgingen. Eine weitere Säule war ein Push bei erneuerbaren Energien. Es gelang erstmals, mehr Strom aus Sonnen- und Windenergie als aus Gas zu erzeugen. Die EU einigte sich zudem darauf, ihr verbindliches Ziel für Erneuerbare für 2030 auf 42,5 Prozent anzuheben, nahm gleichzeitig aber Kurs auf ein ehrgeizigeres Ziel von 45 Prozent. Dies würde den Anteil erneuerbarer Energien in der EU fast verdoppeln.[52]

Das Hauptaugenmerk der Bemühungen von REPowerEU galt aber der Erschließung neuer Lieferrouten für Gas – oder anders gesagt: Die EU ging auf Shopping-Tour. Der EU Energy Deals Tracker zeigt, dass seit Januar 2022 über 120 Energieverträge von der EU und ihren Mitgliedstaaten abgeschlossen wurden. Bei etwa der Hälfte der Verträge geht es um die Lieferung von Gas oder LNG. Fünf EU-Staaten schlossen Abkommen mit Algerien, sieben mit den Vereinigten Arabischen Emiraten oder Katar und zwölf mit den Vereinigten Staaten. Zudem wurde viel in den Ausbau der Infrastruktur für LNG investiert. Damit steigt auch die Gefahr, dass diese Notfalllösungen – gedacht, um möglichst rasch Gas aus anderen Staaten als aus Russland zu bekommen – zur langfristigen Normalität werden. Es würde zu einem fossilen Lock-in kommen, das heißt, dass uns die neue Infrastruktur weiter von fossilem Gas abhängig macht und wir es weiter verbrennen müssen, anstatt ganz auszusteigen. Sich auf LNG zu verlassen, ist keine vernünftige langfristige Option, da es vergleichsweise teuer und umweltschädlich ist. Auf den Weltmärkten führte die hohe

52 Europäische Kommission, REPowerEU, https://commission.europa.EU/strategy-and-policy/priorities-2019-2024/european-green-deal/repower-eu-affordable-secure-and-sustainable-energy-europe_de.

Nachfrage aus Europa nach LNG umgehend zu steigenden Preisen. Eine unerwünschte Konsequenz daraus war, dass der Kohleverbrauch in Asien stieg – was wiederum aufgrund der verheerenden CO_2-Bilanz von Kohle schädliche Auswirkungen auf das Klima hat. Die höheren Preise für Kohle führten auch dazu, dass ärmere Länder wie Bangladesch oder Pakistan Schwierigkeiten hatten, überhaupt Energie zu beziehen. Das Verhalten Europas wurde im Süden als heuchlerisch wahrgenommen. Jahrelang wurde den Ländern des »Globalen Südens« die Finanzierung von Infrastruktur für die Gewinnung von Erdgas mit Hinweis auf die Dringlichkeit der Klimakrise verwehrt. Sobald es plötzlich um die Versorgung Europas mit Erdgas ging, traten die europäischen Länder in einen Wettbewerb, um neue Infrastruktur in Ländern wie dem Senegal zu bauen und sich die Lieferungen für sich selbst zu sichern. Das belegt nicht nur, wie auf den internationalen Energiemärkten alles mit allem zusammenhängt, es zeigt auch, wie die Suche nach neuen Energiequellen durch Europa die Kluft mit den Ländern des Südens weiter aufgerissen hat.

Die Ära des billigen russischen Gases ist ein für alle Mal vorbei. Was bedeutet das für die Neuausrichtung der europäischen Energieversorgung? Es bedeutet jedenfalls, dass es strategisch äußerst kurzsichtig wäre, beim Abschluss neuer Lieferverträge für Erdgas als Reaktion auf das Verhalten Russlands stehen zu bleiben. Krisenmanagement darf nicht dazu führen, die langfristigen Ziele zu vergessen. Am wichtigsten bleiben eine grundlegende Neuorientierung und mehr Geschwindigkeit beim Umstieg auf klimafreundlichere Technologien. Dazu muss die Energiewende beschleunigt werden, alles andere wäre nicht nur klimapolitisch fragwürdig, sondern würde auch den langfristigen strategischen Interessen Europas zuwiderlaufen.[53] Dass sich die Hälfte der seit 2022 von der EU und ihren Mitgliedstaaten abgeschlossenen Verträge um erneuerbare Energie dreht, deutet darauf hin, dass das Bewusstsein für langfristiges Handeln vorhanden ist.[54] Europa hat sich dazu entschlossen, die richtigen Lehren aus der Energiekrise zu ziehen. Eine dieser Lehren lautet, dass eine wechselseitige wirtschaftliche Abhängigkeit alleine nicht reicht, um Sicherheit zu garantieren. Im Gegenteil, sie kann gegen Europa instrumentalisiert werden. Der Krieg Russlands in der Ukraine hat Europa dies vor Augen geführt. Das Argument gilt aber auch für die Beziehungen zu anderen Petrostaaten im Kaukasus, am Golf oder in Afrika. »Heute ist es Russland, aber morgen kann schon ein anderer Staat versuchen, die Welt in Geiselhaft zu nehmen«, so IEA-Chef Fatih Birol.

Durch den Ukraine-Krieg wurde schlagartig klar, dass die Versorgung mit Energie eine Frage der strategischen Autonomie ist. Bruno Latour wies in seinem Essay »Zur Entstehung einer ökologischen Klasse« darauf hin, wie »plötzlich eine Maßnahme, die als militärische Entscheidung zur Sicherung der Autonomie und Souveränität Europas begonnen hatte, sich mit einem Mal in eine ökologische Entscheidung wenden und endlich eine Abkehr von fossilen Brennstoffen erreichen« konnte – wonach Umweltschützerinnen und -schützer schon seit Langem verlangt hatten, »ohne die europäischen Staaten aus ihrer Selbstgefälligkeit reißen zu können. Um der Ukraine willen muss ein zentrales Element des ökologischen Programms so rasch als möglich verwirklicht werden, das ›um des Planeten

53 Tocci, Nathalie, A Green and Global Europe, Polity, 2022.
54 ECFR, EU Energy Deals Tracker, https://ecfr.EU/special/energy-deals-tracker.

willen‹ für unerreichbar gegolten hatte«.[55] Europa wurde durch die Energiekrise so weit mobilisiert, um diese Abhängigkeit schrittweise zu beenden und, in den Worten des EU-Außenbeauftragten Josep Borrell, »die verspätete Entstehung einer geopolitischen EU herbeizuführen«.[56] Neben dem Klimaschutz werden so Fragen der Energiesicherheit zum wichtigsten Motor für die Abkehr von fossilen Energieträgern – hin zu einer sauberen Zukunft, die auch sicherer ist. Denn Europa kann nicht in Abhängigkeit von Ländern bleiben, die seine Freiheit verachten. Wenn Freiheit das Ziel von Politik ist, wie Hannah Arendt es ausdrückte, muss auch das Ziel von Klima- und Energiepolitik Freiheit sein.[57]

55 Latour, Bruno; Schultz, Nikolaj, Zur Entstehung einer ökologischen Klasse. Ein Memorandum, Suhrkamp, 2022.

56 Borrell, Josep, Europa im Interregnum: Unser geopolitisches Erwachen nach der Ukraine-Invasion, Der Grand Continent, 24.3.2022.

57 Von Thadden, Elisabeth, Wärme pumpen, Die Zeit, 24.3.2022.

14
MACHTFAKTOR KRITISCHE ROHSTOFFE

Die Welt ist dabei, auf erneuerbare Technologien umzusteigen. Das lässt den Bedarf an kritischen Rohstoffen in die Höhe schnellen. Lithium hat bereits den Spitznamen »weißes Gold« erhalten und wird mit Kobalt und Nickel in der Batterieherstellung von iPhones bis zu Teslas benötigt. Kupfer ist für die Elektrifizierung unerlässlich, Rohbor wird für Windtechnologien verwendet und ein Metall wie Gallium für Solarpaneele.[58] Der Markt für kritische Rohstoffe wird sich laut Internationaler Energieagentur bis 2030 verdoppeln und bis 2050 noch einmal um das Drei- bis Vierfache wachsen.[59] Ein neuer Goldrausch wurde bereits ausgerufen. Seit den siebziger Jahren hat das Ölgeschäft Beduinendörfer in den Vereinigten Arabischen Emiraten oder Katar in boomende Städte verwandelt – werden wir jetzt einen vergleichbaren Aufstieg von Rohstoff-Supermächten sehen? Oder aus der Sicht Europas gesprochen: Werden wir uns bald in einer Situation wiederfinden, in der die jetzige Abhängigkeit von Öl und Gas durch eine neue Abhängigkeit von Lithium & Co. ersetzt wird?

Die Befürchtung einer Neuauflage des bekannten geopolitischen Spiels in neuer Form ist zumindest nicht abwegig. Die

58 Europäische Kommission, Europäisches Gesetz zu kritischen Rohstoffen, https://commission.europa.EU/strategy-and-policy/priorities-2019-2024/european-green-deal/green-deal-industrial-plan/european-critical-raw-materials-act_de.

59 IEA, The role of critical minerals in energy transitions, https://www.iea.org/reports/the-role-of-critical-minerals-in-clean-energy-transitions, 2023.

Demokratische Republik Kongo besitzt heute alleine über rund 70 Prozent des verfügbaren Kobalts, Australien fast die Hälfte des Lithiums und Indonesien knapp die Hälfte an Nickel.[60] China hat die größten Vorkommen bei einzelnen Seltenen Erden und kontrolliert weite Teile des Marktes an kritischen Rohstoffen. Der europäische Binnenmarktkommissar Thierry Breton sprach bereits davon, dass ein neues globales Wettrennen um kritische Rohstoffe begonnen habe, das Europa nicht verlieren dürfe. Während Europa große Anstrengungen unternimmt, sich aus der Abhängigkeit von russischer Energie zu befreien, wächst damit die Gefahr, in eine noch größere Abhängigkeit von China zu schlittern.

Die steigende Besorgnis über die Rolle von kritischen Rohstoffen lässt sich bereits einige Jahre zurückdatieren. Ausgelöst wurde sie durch eine Episode im Jahr 2010, als China wegen eines Territorialstreits ein Embargo für Seltene Erden gegen Japan verhängte. Japan war von chinesischen Lieferungen abhängig und es wurde befürchtet, dass China seine dominante Rolle in Zukunft verstärkt als außenpolitisches Instrument nutzen könnte. Dabei darf nicht vergessen werden, dass die meisten Seltenen Erden geologisch gesehen in der Erdkruste reichlich vorhanden sind und es sie in großen Mengen in Staaten wie Vietnam, Brasilien, Australien, Indien, den USA und sogar in Europa gibt. Allerdings kommen sie meist in verdünnten Konzentrationen vor, was ihre Gewinnung teuer macht. China – mit niedrigen Kosten, laxen Umweltstandards und einem Auge für Profit – konnte so den größten Teil des Marktes erobern. So stammen 97 Prozent des in der EU unter anderem für die Fertigung von E-Autos benötigten Magnesiums aus China, 100 Prozent der in Dauermagneten verbauten Seltenen Erden

60 IRENA, A New World.

weltweit werden in China raffiniert.[61] Zudem verfügt China über den Großteil der weltweiten Kapazitäten bei der Weiterverarbeitung der kritischen Rohstoffe, was es zum zentralen geostrategischen Spieler des grünen Wandels macht.

Europa ist durch diese Abhängigkeit verwundbar. Zudem ist China mittlerweile dafür bekannt, nicht davor zurückzuschrecken, Staaten, die Bedenken wegen chinesischer Menschenrechtsverletzungen äußern, mit der Störung von Lieferketten zu erpressen. Es hat sehr lange gedauert, bis sich die EU dieses Problems bewusst geworden ist.[62] Um bei der Verwirklichung des europäischen Grünen Deals nicht dem Systemrivalen China ausgeliefert zu sein, versucht die EU nun, diese Abhängigkeit zu reduzieren. Europas Geologie bietet durchaus gute Abbaumöglichkeiten für Batterierohstoffe wie Lithium, Nickel, Kobalt, Mangan und Graphit. Viele dieser Ressourcen befinden sich in Regionen, die stark von Kohle oder kohlenstoffintensiven Industrien abhängig sind und wo Batteriefabriken geplant sind. Aus Sicht der EU ist es strategisch relevant, dass Beitrittskandidaten wie die Ukraine, Serbien und Albanien über große Vorkommen kritischer Rohstoffe verfügen.[63] Dabei ist sich die EU bewusst, dass sich Europa niemals selbst mit allen kritischen Rohstoffen versorgen kann. Autarkie ist angesichts weitverzweigter Lieferketten eine Illusion. Dafür ist der Bedarf einfach zu groß und die eigenen Vorkommen zu gering – trotz des jüngsten Fundes seltener Erden in Schweden.

Mit dem Gesetz über kritische Rohstoffe steckt sich die EU das ambitionierte Ziel, ein Zehntel des Jahresverbrauchs mit heimi-

---

61 Europäische Kommission, Europäisches Gesetz zu kritischen Rohstoffen.
62 Lazard, Olivia, Europe's Biggest Test as a Peace Project Yet, IWM Post 128.
63 European Commission, Critical Raw Materials Resilience: Charting a Path towards Greater Security and Sustainability, 3.9.2020.

schen Rohstoffquellen zu decken. Derzeit verfügt Europa über keine bedeutenden Kapazitäten für den Abbau und die Verarbeitung dieser kritischen Rohstoffe. Zum Beispiel produziert es nur etwa drei Prozent der Rohstoffe für Lithium-Ionen-Batterien und Brennstoffzellen. Bereits im Jahr 2011 erstellte die Europäische Kommission eine erste Liste kritischer Rohstoffe, die alle drei Jahre aktualisiert wurde. Darüber hinaus sollen 40 Prozent innerhalb der EU verarbeitet werden. Auf kein Land außerhalb der EU sollen mehr als 65 Prozent des EU-Jahresverbrauchs an einem kritischen Rohstoff auf jeder Verarbeitungsstufe entfallen – keine einfache Aufgabe angesichts der derzeitigen Abhängigkeit von China. Insgesamt wurden 34 kritische Rohstoffe ermittelt, denen strategische Bedeutung zukommt und bei denen ein Risiko von Versorgungsengpässen ausgemacht wurde. Damit sollen die Voraussetzungen geschaffen werden, um eine Produktion von Batterien, Dauermagneten, Solarpaneelen und anderen erneuerbaren Technologien in Europa sicherzustellen. Zudem will sich die EU über die Global-Gateway-Strategie – das ist ein europäischer Plan, um weltweit Investitionen in Energie, Verkehr und grüne Wirtschaft zu fördern – um Partnerschaften mit Schwellen- und Entwicklungsländern bemühen. Durch die Gründung eines »Clubs für kritische Rohstoffe« mit gleich gesinnten Ländern soll ebenfalls der Zugang erleichtert werden. Europas Vision einer neuen, grünen industriellen Revolution sollte sich von China & Co. grundlegend unterscheiden. Da die grünen Industrien kritische Rohstoffe aus Afrika, Asien und Lateinamerika benötigen, sollte Europas Diplomatie in Bezug auf Rohstoffe sowie Handelsregeln die nachhaltige Gewinnung und die Achtung der Menschenrechte garantieren. Europa kann auch von seinen globalen Partnern lernen, indem es deren Ansichten und bewährte Verfahren in die Entwicklung neuer Standards integriert. Mehrere afrikanische und lateinamerikanische Länder, die Rohstoffe exportieren, planen ihren eigenen Übergang weg von fossilen Brennstoffen. Europa muss sich dazu verpflichten, auf diese Initiativen zu reagieren, indem es mit dem Status quo bricht und gemeinsam ein neues Modell eines globalen Sozialvertrags erarbeitet.[64]

Angesichts der stark ansteigenden Nachfrage nach wichtigen Rohstoffen wird auch eine stärkere Wiederverwendung und Wiederverwertung für die EU dringlicher werden. Dazu muss der bisher vernachlässigten Kreislaufwirtschaft eine größere Rolle eingeräumt werden. Die EU trägt diesem Umstand Rechnung, indem rund 25 Prozent des jährlichen Verbrauchs kritischer Rohstoffe aus dem Recycling innerhalb der EU stammen sollen. Da sich viele kritische Rohstoffe in Regionen mit einem hohen Maß an Instabilität und Korruption befinden, ist eine Kreislaufwirtschaft auch widerstandsfähiger und weniger anfällig gegenüber brüchigen Lieferketten. Der Ausbau der Kreislaufwirtschaft bedeutet auch einen geringeren Wettbewerb um Ressourcen mit anderen Weltregionen. Er stellt damit eine Strategie sowohl zur Konfliktvermeidung als auch für mehr Energiesicherheit dar.

Ganz grundsätzlich werden die Probleme, die mit der Abhängigkeit von kritischen Rohstoffen einhergehen, von fossilen Lobbyisten gerne übertrieben dargestellt. Auch hier lohnt ein Blick auf die Fakten. Wie eine Studie des WWF International gemeinsam mit der Boston Consulting Group nachwies, führt die derzeitige Praxis des Abbaus fossiler Energieträger zu einer gravierenden Zerstörung der weltweiten Ökosysteme. Die Folgen sind Entwaldung sowie Wasser- und Bodenverschmutzung ebenso wie negative soziale Effekte und Menschenrechtsverletzungen. Zwar wird der Bedarf an kritischen Rohstoffen in Zukunft steigen, aber ein Vergleich des Status quo mit dem

64 Tubiana, Laurence, For a European Project for Peace, Democracy and the Climate, Groupe d'études géopolitiques, 7.1.2024.

Szenario einer raschen Energiewende ergibt, dass bis 2050 die Gesamtfläche, auf der Bergbau durchgeführt wird, um circa ein Drittel zurückgehen würde.[65] Dies ist vor allem auf die Stilllegung von Kohlebergwerken zurückzuführen. Laut IEA wurden im Jahr 2019 weltweit umgerechnet 15 Milliarden Tonnen fossile Brennstoffe gefördert. In ihrem Szenario für eine nachhaltige Entwicklung im Jahr 2040 müssten 28 Millionen Tonnen kritische Rohstoffe pro Jahr abgebaut werden. Der Rohstoffabbau, der für den Übergang zu erneuerbaren Energien erforderlich ist, ist damit mehr als fünfhundertmal geringer als die Menge an fossilen Brennstoffen, die derzeit jedes Jahr abgebaut wird.[66] Das heißt, nicht nur aus Klimaschutzgründen, sondern auch aus Sicht des Umwelt- und Naturschutzes spricht alles für eine Energiewende. Anders als oft üblich ist es nicht zielführend, Klima- und Umweltschutz gegeneinander auszuspielen.

Es sollte auch die Innovationskraft der Energiewende nicht unterschätzt werden. Viele der derzeit verwendeten Materialien werden im Zuge technischer Neuerungen durch andere ersetzt werden können oder durch höhere Recyclingraten wiederholt genutzt. Die Förderung der Wiederverwendung und die Verlängerung des Lebenszyklus von Produkten sind ebenfalls wichtige Faktoren. Es gibt Schätzungen, wonach recycelte Materialien mengenmäßig bald Primärstoffe überholen werden. Die Innovationskraft auf diesem Gebiet ist groß, neue Entdeckungen wahrscheinlich – insofern ist es schwer, präzise vorherzusagen, welche Materialien in welchem Ausmaß in 20 Jahren benötigt werden.[67] Neue Elektrolyte könnten es ermög-

65 WWF International, Boston Consulting Group, Building a Nature-Positive Energy Transformation, 3.11.2023.

66 IEA, The Role of Critical Minerals in Clean Energy Transitions, https://www.eia.gov/international/data/world.

67 Deese, Brian; Bordoff, Jason, How to Break China's Hold on Batteries and Critical Minerals, Foreign Policy, 4.10.2023.

lichen, mehr Energie aus demselben Mineralgehalt in Lithium-Ionen-Batterien zu gewinnen, sodass die Reichweite von Elektroautos ohne größere und mineralintensivere Batterien verlängert werden kann.[68] Angesichts der intensiven Forschung könnten kobaltfreie Lithium-Ionen-Batterien entwickelt werden oder Elektrofahrzeuge, die statt Lithium und Kupfer auf das häufig vorkommende Aluminium, Mangan oder Natrium setzen. Anstatt immer größere und mineralintensivere Batterien in Autos zu stecken, um die Reichweite immer weiter zu erhöhen, könnten Schnellladetechnologien ausgebreitet werden, die es ermöglichen, innerhalb weniger Minuten aufzuladen. In Verbindung mit einer dichteren Ladestruktur würde das zu günstigeren Autos mit kleineren Batterien führen. All das ist auch ein Auftrag an die EU, noch mehr in Forschung und Entwicklung zu investieren.

Bei aller Betonung der geopolitischen Bedeutung von kritischen Rohstoffen ist ein entscheidender Unterschied für die Energiesicherheit, dass Chinas derzeitige Dominanz sich nicht auf dem Besitz der Rohstoffe gründet. Anders als der geologische Ölreichtum Saudi-Arabiens oder Russlands liegt die Dominanz Chinas in der Veredelung und Verarbeitung von anderswo abgebauten Mineralien. China hat zwar zugegebenermaßen einen erheblichen Vorsprung, der innerhalb des nächsten Jahrzehnts nicht leicht aufzuholen sein wird – aber auch wenn dies Zeit und Investitionen erfordert, kann die Verarbeitung an einer Vielzahl von Standorten auf der ganzen Welt durchgeführt werden. Das Gleiche gilt für die Batterien, die kritische Rohstoffe enthalten, die derzeit überwiegend in China hergestellt werden, und es gilt zunehmend für Elektroautos.

68 Ebenda.

Das heißt, China dominiert nicht den Strom, der die Elektroautos antreibt, sondern die Technologie, die ihn speichert. Mineralien und Batterien sind Vorprodukte für die Herstellung von Produkten, nicht der tägliche Energiefluss, der unser Leben am Laufen hält. Das ist ein grundlegender Unterschied. Das bedeutet auch, dass es sich beim Ringen um kritische Rohstoffe nicht bloß um neuen Wein in alten Schläuchen handelt. Denn bei einer Unterbrechung der Rohstoff- oder Batterielieferungen wird die Lieferkette brüchig und es kommt zu Verzögerungen und Preisspitzen bei erneuerbaren Technologien. Die Menschen könnten weiterhin ihre Autos fahren und ihre Häuser beleuchten und heizen. Das macht die Kontrolle über die kritischen Rohstoffe zu einer viel stumpferen Waffe als die Kontrolle über Öl und Erdgas. Die Risiken der Importabhängigkeit sind nicht so schwerwiegend wie bei fossilen Energien. Die Verfügbarkeit von kritischen Rohstoffen ist damit ein wichtiger Faktor für die Geschwindigkeit der Energiewende, weniger für die Energiesicherheit. Der geopolitische Hebel ist damit erheblich kleiner.

Es ist der rote Faden dieses Buchs, dass die Energiewende nicht nur den Ausstoß von Treibhausgasemissionen reduzieren wird, sondern dass dadurch auch die politische und wirtschaftliche Macht neu verteilt wird. Dies sollte jedoch nicht als Ausrede verwendet werden, die grüne Wende zu verzögern – im Gegenteil. Die Versorgung mit kritischen Rohstoffen ist lösbar, um eine sichere und nachhaltige Energiewende zu ermöglichen. Europa kann sie mit Innovation und Diplomatie lösen. Für das Friedensprojekt EU gilt es dabei, Wirtschaft und Ökologie miteinander in Einklang zu bringen. Gelingt dies, kann Europa den Anspruch erheben, eine wirklich geopolitische und visionäre Kraft zu werden.[69]

69 Lazard, Olivia, Europe's Biggest Test as a Peace Project Yet.

15
AUF DEM WEG ZU EINEM GRÜNEN KALTEN KRIEG

Eine durch zunehmende Spannungen und Polarisierung gekennzeichnete internationale Gemeinschaft hat es bislang nicht geschafft, die Klimakrise in den Griff zu bekommen. In vielerlei Hinsicht ist es sogar so, dass die Erhitzung unseres Klimas mit einer Abkühlung bei der internationalen Zusammenarbeit Hand in Hand geht. Das spiegelt sich vor allem im Verhältnis zwischen den Vereinigten Staaten und China wider. Der Wettbewerb zwischen diesen beiden Mächten spitzte sich in den letzten Jahren immer weiter zu. In den USA wird China noch vor Russland als der wichtigste Gegenspieler im Ringen um die Regeln der neuen Weltordnung gesehen. Der rasante Aufstieg Chinas und die damit einhergehende Vormachtstellung in einigen Schlüsseltechnologien wird in Washington mehr und mehr als Bedrohung der eigenen Interessen gesehen. Das ist eine radikale Abkehr von der amerikanischen Politik Anfang der neunziger Jahre, als die USA unter Präsident Bill Clinton darauf setzten, China in die Weltwirtschaft zu integrieren und so eine Öffnung des Landes zu bewirken. Rückblickend muss diese Politik als gescheitert betrachtet werden. In dem Maße, wie China wirtschaftlich stärker wurde, trat es auf der internationalen Bühne bestimmter auf und setzte sich mitunter aggressiv für die eigenen Interessen ein. Eine Öffnung Chinas ist utopischer als je zuvor.

Dagegen hat China als Herausforderer der globalen Ordnung auf seine wirtschaftliche Stärke gesetzt. Anders als das oft taktisch vorgehende Russland verfolgt China seine Interessen langfristig und in der Überzeugung, dass der eigene Aufstieg unausweichlich sei. Durch gezielte Investitionen in seine Infrastruktur ist China zum zentralen Angelpunkt der globalisierten Lieferketten aufgestiegen. Bereits 2006 wurde das Land zum weltweit größten Exporteur von Waren, in Hinblick auf das Handelsvolumen wurden die USA 2013 überholt und ein Jahr danach löste China die USA schließlich als größte Wirtschaftsmacht der Welt ab – zumindest gemessen an der Kaufkraftparität.[70]

Der wirtschaftliche Aufholprozess verwandelte sich im Laufe der Zeit in einen technologischen Vorsprung. Das definierte Ziel Chinas ist es, so viele Schlüsseltechnologien wie möglich zu dominieren. Neben Künstlicher Intelligenz oder Robotik gehört vor allem die Entwicklung von zukunftsweisenden Klimatechnologien dazu. Aufgrund seiner Größe und mit einer Bevölkerung von 1,4 Milliarden Menschen kann sich China Skaleneffekte zu eigen machen, über die andere Länder nicht verfügen. Der harte interne Wettbewerb drückt die Preise zudem in bisher unbekanntem Tempo nach unten. Die Führungsrolle Chinas kommt nicht von ungefähr. So ist das Niveau der Investitionen in erneuerbare Technologien größer als das der USA und der EU zusammen. 90 Prozent der Investitionen in Batteriefabriken weltweit erfolgen in China. Das Land dominiert Sektor für Sektor und hat sich auf dem Gebiet der Solarmodule und der Elektroautos eine führende Position erarbeitet. Das in Shenzhen ansässige Unternehmen BYD hat kürzlich Tesla als weltweit führenden Elektroautoproduzenten nach verkauften Einheiten überholt. Mit der Zeit könnte Chinas Einfluss zwar schwinden, wenn anderswo neue Tech-

70 Petritsch, Wolfgang, Epochenwechsel.

nologien auftauchen, sich Lieferketten verschieben oder neue Materialien für die Produktion verwendet werden. Die erste Phase der neuen Ära erneuerbarer Technologien wird aber von China bestimmt. Oder anders gesagt: Unsere grüne Zukunft ist derzeit rot gefärbt.

Mindestens ebenso bedeutend ist, dass China die erste große Wirtschaftsmacht ist, bei der erneuerbare Technologien zum Hauptmotor des gesamten Wirtschaftswachstums geworden sind. Der Nischenstatus ist längst überwunden. Es ist nicht nur so, dass China den Markt für Solarenergie beherrscht, Chinas Expansionsprogramm hat mittlerweile eine Dimension angenommen, die die grünen Technologien zu einer der wichtigsten Kräfte in der chinesischen Wirtschaft insgesamt macht. Diese Entwicklung lässt sich daran ablesen, dass 2023 der Erneuerbaren-Sektor 40 Prozent zu Chinas Wachstum – und damit mehr als jeder andere Bereich – beitrug.[71]

Aus Sicht des Klimaschutzes ist diese Revolution »Made in China« zunächst einmal zu begrüßen. Sie entspricht – wie in China nicht anders möglich – auch der offiziellen Politik. Im Jahr 2020 kündigte Präsident Xi Jinping an, dass China bis 2060 Klimaneutralität erreichen wolle. Sollte China damit erfolgreich sein, würde dies allein die globale Erhitzung um etwa 0,2 bis 0,3 Grad Celsius senken. Das wäre laut der wissenschaftlichen Analyse des anerkannten »Climate Action Tracker« die größte Einzelreduktion in der Geschichte der Menschheit. Die dabei zu überwindenden Widersprüche auf dem Weg dahin sind allerdings groß und lassen die im ersten Teil dieses Buches skizzierten Hürden für Europa vergleichsweise niedrig erscheinen. So hat China dreimal so viele Kohlekraftwerke wie der Rest der Welt zusammen und investiert nach wie vor in neue

71 Tooze, Adam, Chartbook Carbon Notes 10: In China, clean energy is now THE driver of overall economic growth, 31.1.2024.

Kohlekraftwerke. China hat Anfang der 2010er Jahre innerhalb von drei Jahren mehr Beton verbraucht als die USA im gesamten vorigen Jahrhundert. Bereits 2004 hat China die USA beim Ausstoß der Emissionen übertroffen und ist nun mit Abstand der größte Verschmutzer der Welt. Ein Blick auf die globale CO_2-Statistik zeigt, dass China alleine für mehr Emissionen verantwortlich ist als die G7 – mit den Mitgliedern Deutschland, Frankreich, Großbritannien, Italien, Japan, Kanada und die USA immerhin das Forum der zum Gründungszeitpunkt sieben führenden Industrienationen – zusammen. Die Entwicklungen in China entsprechen damit in ihrer Tragweite der Industriellen Revolution – allerdings mit dem Unterschied, dass sich China innerhalb einer einzigen Generation auf unser Technologieniveau katapultiert hat.

Neben den geostrategischen Gründen gibt es also auch handfeste klimapolitische Gründe, warum Peking das Heft des Handelns in die Hand genommen hat. Wie aus der chinesischen »Nationalen Strategie zur Anpassung an den Klimawandel 2035« hervorgeht, stellt aus Sicht Chinas die Klimakrise selbst »ein großes Risiko für die Modernisierung« des Landes dar. Das Argument derjenigen in Europa, die gegen ein rasches Handeln beim Klimaschutz die angebliche Untätigkeit Chinas ins Treffen führen (»Aber China!«), könnte nicht falscher sein. Diese oft gehörte Annahme zeugt vielmehr von einer Ignoranz in Hinblick sowohl auf die Dringlichkeit der Klimakrise als auch auf aktuelle wirtschaftspolitische und technologische Entwicklungen. Für die Eindämmung der Erderhitzung auf möglichst deutlich unter zwei Grad bedeutet das, dass wir unser Schicksal nicht mehr vollständig in unserer eigenen Hand haben. Europa (ebenso wie die Vereinigten Staaten) ist auf eine ambitionierte Politik Chinas angewiesen. In gewisser Weise ist Europa damit in eine geschichtliche Phase eingetreten, in der es den Zug nicht mehr fährt, sondern Passagier ist. Denn China geht voran und das schon seit einiger Zeit. Wenn die Europäerinnen und Europäer weiter diskutieren, ob wir beim Klimaschutz nicht besser eine Pause einlegen sollten, ist der »alte Kontinent« für China in puncto Technologien bald nicht mehr im Rückspiegel zu sehen.

Die Überlegenheit Chinas liegt allerdings nicht in der Genialität seiner Ingenieure begründet. Die Ursachen des herrschenden Ungleichgewichts liegen darin, dass China seiner Industrie mit umfangreichen Subventionen und billigen Krediten unter die Arme greift. Zusätzlich wird ausländischen Unternehmen kein fairer Marktzugang eingeräumt. All das verschafft China einen entscheidenden Wettbewerbsvorteil, wodurch China massive Überkapazitäten aufbauen konnte. Bis 2030 werden schätzungsweise 60 Prozent der chinesischen Produktion von Klimatechnologien für den Export bestimmt sein.[72] Der Weltmarkt wird mit chinesischen Produkten geschwemmt werden.

Dies wirft die schwierige Frage auf, was eine angemessene Antwort des Westens auf die Vorgehensweise Chinas sein könnte. Rufe nach dem Schutz der heimischen Industrie werden nachvollziehbarerweise lauter. Vor allem in den Vereinigten Staaten wächst das Bestreben, unabhängiger von China zu werden. Nicht nur aus geopolitischen Gründen stellt die Abhängigkeit von China ein Risiko dar. China ist selbst stark von der Klimakrise betroffen. Nicht auszuschließende Extremwetterereignisse in einer oder zwei der Regionen, in denen die chinesische Produktion konzentriert ist, würden die globalen Lieferketten brüchig machen. Es gibt zahlreiche Belege für die Verwundbarkeit des Westens: Als Reaktion auf die von den USA verhängten Beschränkungen bei der Ausfuhr hochwerti-

72 Borrell, Josep, EU-China Summit – Of Rivalry and Partnership, 12.12.2023.

gen Halbleiter und Maschinen nach China deutete wiederum China an, dass es die Ausfuhr von Technologien für Solarenergie einschränken könnte. Sollte China diese Drohung umsetzen, könnten einzelne US-Sektoren aus dem Erneuerbaren-Bereich herbe wirtschaftliche Rückschläge erleiden.[73] Es ist davon auszugehen, dass sich China selbst nie einem einzigen Anbieter wichtiger Technologien oder Rohstoffe ausliefern würde.[74]

Dies belebt das Comeback der Industriepolitik in einem Maße, wie wir es seit Jahrzehnten nicht mehr gesehen haben. In den USA mündete diese Diskussion schließlich in der Verabschiedung des Inflation Reduction Act (IRA). Dieses Gesetz der US-Regierung unter Präsident Joe Biden bezieht sich in seinem Namen zwar auf die Bekämpfung der Inflation, in Wirklichkeit geht es aber darum, die US-amerikanische Industrie klimafitter zu gestalten. Mit knapp 400 Milliarden US-Dollar fließt der größte Teil der Ausgaben in Klima- und Umweltschutz. Schätzungen zufolge kann sich diese Summe bis 2023 auf 1,2 Billionen US-Dollar vergrößern. Nachdem lange das halbherzige Vorgehen der USA gegen die Klimakrise kritisiert worden ist, sind die Vereinigten Staaten damit praktisch von einem Tag auf den anderen auf einen Klimaschutzkurs eingeschwenkt. Dieses Gesetz stellt den wichtigsten Klimabeschluss in der Geschichte des Landes dar und ist international gesehen der größte klimapolitische Meilenstein seit der Verabschiedung des Pariser Klimaübereinkommens. Die Treibhausgasemissionen der USA sollen damit bis 2030 um 40 Prozent unter das Niveau von 2005 gesenkt werden. Durch die Hebelwirkungen dieses Investitionspakets wird damit gerechnet, dass in den nächsten

73 Bordoff, Jason; O'Sullivan, Meghan, The Age of Energy Insecurity, Foreign Affairs, Mai/Juni 2023.

74 Tagliapietra, Simone, Europe and the US should work with China. Joint climate action could be a win-win, The Guardian, 18.10.2023.

Jahren insgesamt Investitionen in neue Energieinfrastrukturen im Wert von circa 3,5 Billionen US-Dollar angestoßen werden könnten. Die Unterstützung fließt vor allem in die Sektoren zur Herstellung von grünem Wasserstoff, in Solar- und Windkraft, aber auch in die Herstellung von Komponenten für Batterien, die Gewinnung und Verarbeitung kritischer Rohstoffe sowie die Entfernung von Kohlenstoff aus der Atmosphäre.[75]

Gleichzeitig fördern viele Maßnahmen des Inflation Reduction Act massiv die eigene Wirtschaft. Aus dem Trump'schen »Make America Great Again« wurde ein »Make American Industry Great Again«. Viele der Steuervorteile des IRA sind daran geknüpft, dass amerikanischer Stahl oder andere in den USA hergestellte Materialien verwendet werden. Auch die Förderung für Elektroautos gibt es nur, wenn die Endmontage in Nordamerika stattfindet und ein gewisser Anteil der kritischen Rohstoffe für die Batterien in Nordamerika produziert worden ist. Angesichts dieser klar protektionistischen Züge hat der Inflation Reduction Act die klima-, handels- und geopolitische Diskussion grundlegend verändert. Die bisherigen, ohnehin schon länger in der Kritik stehenden Grundsätze der Globalisierung und des Freihandels werden im Lichte des geopolitischen Wettbewerbs mit China entsorgt und durch einen neuen Status quo ersetzt. Der alte »Washington-Konsens«, der durch wirtschaftliche Regulierung und Privatisierung gekennzeichnet war, ist damit offiziell Geschichte. Ob es sich bei der aktuellen wirtschaftspolitischen Ausrichtung um einen neuen »Washington-Konsens« handelt oder um etwas anderes, ist noch unklar. Es steht aber fest, dass die Regeln der Weltwirtschaft gerade in Echtzeit neu definiert werden.[76]

---

75 Templ, Norbert, IRA: Der Inflation Reduction Act und die Antwort der EU, Arbeiterkammer, 2023.

76 Tubiana, Laurence, For a European Project for Peace, Democracy, and the Climate.

Die Zukunft wird weisen, welchen Namen diese Ära der wachsenden Fragmentierung bekommen wird. Angesichts der aktuellen Konstellation sprechen manche Beobachter bereits von einem sich abzeichnenden Grünen Kalten Krieg zwischen den USA und China.[77] Im Kalten Krieg, der die zweite Hälfte des 20. Jahrhunderts geprägt hat, gab es wenig politischen, wirtschaftlichen oder gesellschaftlichen Austausch zwischen den Blöcken. Die Verflechtungen waren sehr gering, vieles drehte sich um Fragen eines möglichen Einsatzes von Nuklearwaffen. Im Gegensatz dazu ist die Vernetzung mit China heute ungleich stärker, als sie es in der Vergangenheit mit der Sowjetunion je war. Im Zentrum des Wettstreits eines solchen Grünen Kalten Krieges würden nicht so sehr militärische Aspekte stehen, sondern vielmehr die Entwicklung und Herstellung von Zukunftstechnologien wie Künstlicher Intelligenz, Robotik und Klimatechnologien. Die Währung dieser Auseinandersetzung wäre wirtschaftlich-technologischer Natur, mit der Gefahr, dass der Wettbewerb sich auf andere Bereiche ausweiten könnte und auch andere Staaten – ob sie es wollen oder nicht – mit hineingezogen werden. Die Klima- und Energiewende wäre demnach nicht ein Feld für Kooperation und Austausch, sondern eine Arena der Konfrontation. Es wäre ein Bereich, in dem aggressiv um Technologien, Lieferketten, Talente und Standards gerungen werden würde. Auf längere Sicht könnte sich eine neue Bipolarität mit den USA und China als den dominierenden Polen herausbilden.

Angesichts dieses Befundes mag es naiv klingen, darauf hinzuweisen, dass Klimaschutz am besten im Modus der Zusammenarbeit funktioniert. Zwar kann Konkurrenz das Tempo von Entwicklung und Verbreitung grüner Energien beschleunigen.

77 Lloyd's, Shifting powers: Climate cooperation, chaos or competition, Lloyd's emerging risk report 2022.

Die Klimakrise ist allerdings bereits so weit fortgeschritten, dass es ohne ein gewisses Maß der Zusammenarbeit zwischen den Vereinigten Staaten, China und Europa als den drei größten historischen Emittenten von CO_2 noch schwieriger wird. Zusammen vereinen sie mehr als 50 Prozent der weltweiten Emissionen, 60 Prozent des Bruttoinlandsprodukts und 40 Prozent der Warenimporte auf sich. Es ist daher zukunftsweisend, dass sie auf die eine oder andere Weise einen gemeinsamen Raum für Klimalösungen schaffen. Die systemische Rivalität zwischen den USA und China, die das 21. Jahrhundert zu prägen droht, ist somit mehr als nur ein bilateraler Konflikt, es geht dabei auch um die Zukunft unseres Planeten. Der Kampf gegen die Klimakrise ist ohnehin bereits ein Wettlauf gegen die Zeit – bei einer sich zuspitzenden Konfrontation zwischen den Großmächten würde dieser Wettlauf noch unter den verschärften Bedingungen eines System-Wettbewerbs geführt werden. Selbst jetzt, da die Gaspreise in etwa auf das Niveau vor der Invasion zurückgefallen sind, bleiben sie in Europa etwa viermal höher. Dieses Preisgefälle war ein Hauptgrund, warum Deutschland und andere EU-Staaten ursprünglich russisches gegenüber US-Gas bevorzugten. Obwohl die USA ein unverzichtbarer Partner für Europa bleiben, sind sie auch ein erbitterter wirtschaftlicher Konkurrent, der jeden Hebel nutzt, den er finden kann, um ausländische Rivalen zu schlagen.

Für Europa wäre eine solche Entwicklung folgenreich. Anders als im Kalten Krieg ist der europäische Kontinent nicht der Hauptschauplatz der Auseinandersetzungen zwischen den USA und China. Dieser Schauplatz befindet sich dieses Mal im asiatisch-pazifischen Raum. Das strategische Interesse Europas muss jedoch darin bestehen, in einer solchen bipolaren Konstellation nicht zum Spielball dieser Konkurrenz zu werden. Europa muss seine eigene Rolle außerhalb der »Falle des

Thukydides« – damit ist der potenzielle Konflikt zwischen der aufstrebenden Macht China und der bestehenden Großmacht USA gemeint – definieren. Die Trump-Jahre haben bereits gezeigt, dass die Zeiten, in denen sich Europa auf die USA verlassen kann, vorbei sind. Europa muss daher ein neues Selbstverständnis entwickeln und die eigene wirtschaftliche Stärke besser einsetzen. Mehr dazu in den nächsten Kapiteln.

16
EUROPAS SUCHE NACH DEM MASTERPLAN

Es ist, als ob ein Eiskübel über Europa geschüttet worden wäre. Innerhalb weniger Jahre wurde durch die Wahl Donald Trumps zum US-Präsidenten, die Covid-19-Pandemie und den russischen Krieg in der Ukraine die dreifache Abhängigkeit Europas brutal offengelegt: abhängig von den USA in Hinblick auf die militärische Sicherheit, abhängig von China bei den Lieferketten, abhängig von Russland bei Öl und Gas. Das ist die ungemütliche Ausgangslage. Vor dem Hintergrund dieser dreifachen »Ice Bucket Challenge« hat sich die EU das Ziel gesetzt, strategisch autonom zu werden. Der Begriff der »strategischen Autonomie« erfreut sich innerhalb der Brüsseler Politikblase seit einiger Zeit großer Beliebtheit. Er wurde zuerst im Zusammenhang mit Sicherheit und Verteidigung verwendet, nach und nach wurde das Konzept auf Bereiche wie Wirtschaft, Digitalisierung oder Energie ausgeweitet. Gemeint ist damit – vereinfacht gesagt –, dass die EU ihre Entscheidungen in Zukunft unabhängig treffen kann und kein Spielfeld für die Pläne anderer bleibt. Eine strategisch autonome Union soll in der Lage sein, »ihren eigenen Weg« zu gehen. Einige Beobachter haben diesen Ansatz unter Verweis auf Frank Sinatras Song »My Way« bereits als »Sinatra-Doktrin« bezeichnet.[78]

Was bedeutet dies nun für die Energiewende in Europa?

---

78 Borrell, Josep, Europas »Sinatra-Doktrin«, EEAS, https://www.eeas.europa.eu/eeas/europas-„sinatra-doktrin“_de, 27.8.2020.

Die Verabschiedung des Inflation Reduction Acts hat nicht nur die Glaubwürdigkeit der Vereinigten Staaten beim Klimaschutz verbessert, sie sind auch mit diesem Investitionspaket voll in den Wettbewerb um die neuesten Klimatechnologien eingestiegen. Damit sieht sich Europa auf den grünen Märkten mit einem finanzstarken Konkurrenten mehr konfrontiert. Angesichts der stark protektionistischen Züge des Inflation Reduction Acts wurde Europas tief sitzende Angst vor einer Deindustrialisierung geweckt. Schließlich beruht der EU Green Deal auf der Vision einer grünen, wettbewerbsfähigen Industrie mit gut bezahlten und hoch qualifizierten Arbeitsplätzen in Europa. Alte braune Jobs sollten in neue grüne Jobs verwandelt werden und nicht einfach in andere Weltregionen abwandern – nur so kann Europa diesem Plan zufolge den ökologischen Wandel erfolgreich bewältigen und gleichzeitig seine geostrategische Position verbessern.

Für Europa stellt sich damit die Frage, wie es verhindern kann, dass seine Industrie in Regionen abwandert, wo Energie und auch Arbeitskraft billiger sind und kritische Rohstoffe einfacher zugänglich sind als auf dem »alten Kontinent«. Bereits seit dem Beginn des Krieges in der Ukraine bedrohen die höheren Gaspreise Europas Industrie. Eine Reihe von energieintensiven Unternehmen stellte bereits den Betrieb ein. Es ist eine unbequeme Wahrheit, dass das Geschäftsmodell vieler Industriebetriebe in der EU auf der Verfügbarkeit von billigerem russischem Erdgas basierte. Dieses Geschäftsmodell wurde spätestens in dem Moment zerschlagen, als Russland in die Ukraine einmarschierte und die Gaspreise nach oben gingen. Auch wenn es einige nicht wahrhaben wollen, wird dieses Geschäftsmodell auch nicht mehr zurückkommen. Europa wird daher auf die nächste Generation der industriellen Produktion setzen müssen, um das Gespenst der Deindustrialisierung vertreiben zu können. Der Kontinent hat genügend eigene Stärken. Dazu gehört der große europäische Binnenmarkt mit über 400 Millionen Menschen, ein weitverzweigtes Netzwerk an Forschungseinrichtungen, qualifizierte Arbeitskräfte und eine lange Tradition bei der Herstellung von hochwertigen Produkten. Ähnlich wie in den Vereinigten Staaten braucht es aber einen starken Schub in Form eines Masterplans für die Industrie.[79] Als ersten Schritt hat die Europäische Kommission dafür den »Net-Zero Industry Act« vorgeschlagen. Er soll bessere Bedingungen für die Produktion von und die Investitionen in saubere Technologien in Europa schaffen. Die Kapazität für die Herstellung der strategisch wichtigsten Klimatechnologien (»strategische Netto-Null-Technologien«) soll den Zielen zufolge mindestens 40 Prozent des Bedarfs in der EU bis zum Ende des Jahrzehnts erreichen. Der Vorschlag umfasst die wichtigsten Technologien wie Windturbinen, Wärmepumpen, Sonnenkollektoren, erneuerbaren Wasserstoff und CO_2-Speicherung.[80] Wenngleich von guten Absichten getragen, weckte die Initiative der Kommission keinerlei Begeisterung. Allen voran fehlt es an der Finanzierung und an praktischen Vorschlägen für die Umsetzung.

Diese Kinderkrankheiten kommen nicht von ungefähr. Bis vor einigen Jahren galt der Begriff der »Industriepolitik« in Brüssel noch als Schimpfwort. Alles drehte sich um die Liberalisierung des Marktes und die Schaffung eines reibungslosen, europaweiten Binnenmarkts. Mittlerweile hat sich dieser Zeitgeist aber gedreht und eine Abkehr von den alten Paradigmen, die die europäische Politik jahrzehntelang geprägt haben, hat

79 Birol, Fatih, Europe urgently needs a new industrial master plan, Financial Times, 5.12.2022.

80 Europäische Kommission, Pressemitteilung: Net Zero Industry Act: Kommission will bessere Bedingungen und mehr Investitionen für saubere Technologien in Europa, 16.3.2023.

eingesetzt. Der Haupttreiber dieser Veränderung war die Einsicht, dass Europa auf die strategische Rivalität zwischen den USA und China reagieren muss. Zwar gibt es noch liberale Reflexe gegen zu viel staatliche Unterstützung, das Pendel hat aber dahin gehend ausgeschlagen, dass ohne eine größer werdende Rolle des Staates die Klima- und Energiewende nicht zu schaffen ist. Damit ist auch Industriepolitik kein Tabu mehr. Der Staat ist wieder als wirtschaftlicher Akteur präsent und seine Entscheidungen werden die technologische Zukunft mitbestimmen. Das lässt sich bereits daran sehen, dass die Europäische Kommission staatliche Beihilfen zugelassen hat, um die Produktion von Batterien für Elektrofahrzeuge zu fördern. Daneben wurde eine »Batterieallianz« gegründet, um eine europäische Wertschöpfungskette für Batterien zu schaffen.

Die neue, den aktuellen geopolitischen Umständen angepasste Balance zwischen Protektionismus und Freihandel, zwischen Interventionismus und Liberalismus muss jedoch erst gefunden werden. Es steht aber fest, dass die EU angesichts des rauen Windes, der ihr entgegenbläst, ein stärkeres Bewusstsein für die strategischen Aspekte der Wirtschafts- und Industriepolitik entwickeln muss. Andernfalls würde der europäischen Energiewende einmal das Etikett »Made in China« oder »Made in the USA« verpasst werden. Gleichzeitig muss sich die Europäische Union nicht kleiner machen, als sie ist. Zwar hat sie in der Außen- und Sicherheitspolitik ohne Zweifel ihre Mängel noch nicht behoben, im wirtschaftlich-technologischen Wettbewerb zwischen den USA und China hat die EU aber auf jeden Fall ein wichtiges Wort mitzureden. Angesichts der Markt- und Regulierungsmacht der EU deutet vieles darauf hin, dass neben dem amerikanischen und dem chinesischen Modell auch genügend Raum für eine zentrale Rolle Europas bei der globalen Klima- und Energiewende bleiben wird.

17
DER EU-KLIMAZOLL ALS DIPLOMATISCHES MINENFELD

Die Macht des europäischen Marktes wird am besten beim neuen EU-Klimazoll sichtbar. Im Rahmen des europäischen Grünen Deals handelt es sich dabei um einen – Achtung EU-Jargon! – CO_2-Grenzausgleichsmechanismus oder auf Englisch um einen »Carbon Border Adjustment Mechanism« (CBAM). Welche Überlegungen stecken hinter diesem europäischen Klimazoll? Im Grunde geht es um Klimaschutz und Fairness. Wenn Europa eine strenge Klimapolitik betreibt, während andere Teile der Welt dies nicht tun, besteht die Gefahr, dass energieintensive Unternehmen die EU wegen der höheren CO_2-Preise verlassen und ihren Standort in ein Land mit deutlich niedrigeren oder gar keinen CO_2-Preisen verlegen. Dieses Phänomen hat auch einen Namen, »Carbon Leakage«. Je ehrgeiziger die Klimapolitik der EU ausfällt, desto gravierender wird diese Standortproblematik. Der EU-Klimazoll soll dem entgegenwirken. Das ist auch in Hinblick auf die Bekämpfung der Klimakrise schlüssig, denn es ist nichts gewonnen, wenn die EU den eigenen CO_2-Ausstoß reduziert, gleichzeitig aber mehr Emissionen importiert.

Ab 2026 sollen daher – nach einer dreijährigen Probephase – importierte Güter aus den Sektoren Zement, Strom, Düngemittel, Eisen, Stahl, Aluminium und Wasserstoff mit dieser Grenzausgleichssteuer belegt werden. Die Höhe der Abgabe richtet sich nach dem CO_2-Gehalt der eingeführten Produkte und nach dem Preis der CO_2-Zertifikate aus dem europäischen Emissionshandel. »Grüner« Stahl aus Europa soll damit keine Nachteile gegenüber dem »schmutzigen« importierten Stahl erleiden. Dazu muss man wissen, dass der Emissionshandel das größte Klimainstrument der EU ist. Rund 40 Prozent aller CO_2-Emissionen fallen darunter. Dieses System funktioniert so, dass über den Kauf und Verkauf von CO_2-Zertifikaten ein einheitlicher europäischer CO_2-Preis festgelegt wird. Das Prinzip ist einfach: Wer CO_2 ausstößt, zahlt. Je mehr CO_2 ausgestoßen wird, desto höher sind die entstehenden Kosten für die Energieunternehmen und die Industrie. Nach einer sehr holprigen Startphase hat sich dieser Emissionshandel zu einem Eckpfeiler der europäischen Klimapolitik entwickelt. Die Preise für CO_2-Zertifikate waren nach dem Start 2005 jahrelang sehr niedrig und kletterten erst in den letzten Jahren nach oben. Im Rahmen des europäischen Green Deals wird die Anzahl der gratis an die Industrie vergebenen Zertifikate schrittweise reduziert, bis sie 2034 schließlich vollständig auslaufen. Schon bis 2030 sollen damit die Emissionen aus der Industrie um mehr als 60 Prozent sinken. Der Weg in Richtung Klimaneutralität ist damit vorgezeichnet. Der neue EU-Klimazoll soll nun die europäische Industrie vor Wettbewerbsnachteilen gegenüber dem klimaverschmutzenden Rest der Welt schützen.

Mit dem EU-Klimazoll wird allerdings noch ein zweites Ziel verfolgt. Er soll einen Anreiz für andere Staaten bieten, eine eigene CO_2-Bepreisung einzuführen. Es stellt damit ein praktisches Beispiel für das dar, was gemeinhin als der »Brüssel-Effekt« bezeichnet wird, also die Übernahme von EU-Regeln außerhalb des europäischen Binnenmarkts. Die EU will damit den Ruf als Führungsmacht in Klimafragen einzementieren und zur Klimawende außerhalb der europäischen Grenzen beitragen. Der ehemalige EU-Kommissionspräsident Frans Timmermans hat festgestellt, dass es nicht das Ziel des EU-Klimazolls ist, neue Einnahmen für die EU zu erzielen. Stattdessen sollen andere Staaten damit überzeugt werden, vergleichbare Klimaschutzmaßnahmen einzuführen – wodurch das Einheben des Klimazolls erst gar nicht notwendig wird. Es soll, so der Plan, zu einem »Race to the Top«[81] kommen, indem der Zoll als Hebel für Klimapolitik wirkt: Je mehr Staaten mit Europa zusammenarbeiten, desto weniger notwendig wird es, den Zoll überhaupt einzusetzen. Aus dem Werkzeugkoffer des europäischen Grünen Deals hat das Instrument des EU-Klimazolls die mit Abstand größte internationale Aufmerksamkeit bekommen. Die offene Frage ist, ob diese Taktik der EU aufgehen wird. In der Vergangenheit hat die EU jedenfalls bereits Palmölproduzenten dazu gebracht, nachhaltiger anzubauen. Ebenso verfolgt die EU-Entwaldungsverordnung das Ziel, dass gewisse Produkte nur dann nach Europa eingeführt werden dürfen, wenn sie nicht durch die Schädigung oder Abholzung eines Waldes gewonnen wurden. So schafft es die EU jenseits ihrer Grenzen, die Standards zu heben.

Aus technischer Sicht ist die Einführung eines Klimazolls aber alles andere als einfach. Die Schwierigkeit besteht darin, den genauen CO_2-Gehalt von Produkten zu berechnen, da alle Emissionen entlang der Wertschöpfungskette einkalkuliert werden müssen. Gleichzeitig könnte die Umsetzung des EU-Klimazolls einen wertvollen technischen Beitrag zur Dekarbonisierung der Industrie liefern. Alle großen Industriestaaten stehen vor ähnlichen Herausforderungen. Als wichtiges vertrauensbildendes Instrument kann so ein einheitlicher globaler Standard für die Messung und Zertifizierung von CO_2 vorangetrieben werden.[82]

81 Timmermans, Frans, The Geopolitics of Climate Change, EEAS, 26.4.2021.

82 Tubiana, Laurence, Inclusive Multipolarity, Green, 3/1, 2003.

Die Hauptschwierigkeit bei der Einführung des EU-Klimazolls ist aber zweifelsohne geopolitischer Natur. Schließlich ist er ein innovatives Instrument, das bisher noch kein Staat in vergleichbarer Weise eingeführt hat. Wir betreten damit handels- und klimapolitisches Neuland. Die Europäische Kommission hat deutlich gemacht, dass der Zoll mit den Regeln der Welthandelsorganisation (WTO) vereinbar ist, um sicherzustellen, dass andere Länder keine Vergeltungsmaßnahmen ergreifen können. Aber selbst wenn der EU-Zoll gegen formelle Einwände abgesichert ist, könnten Handelspartner sich dagegen wehren. Das geschah 2012 bei der EU-Richtlinie zu Luftfahrtemissionen, als der Emissionshandel auf den Flugverkehr ausgedehnt wurde. 23 Staaten – darunter die Vereinigten Staaten, China, Indien, Japan und Russland – lehnten den EU-Schritt ab und legten eine Liste von Vergeltungsmaßnahmen vor, die sie ergriffen hätten, wenn die EU die Richtlinie nicht zurückgezogen hätte. Die EU gab letztendlich nach und setzte die Maßnahme für interkontinentale Flüge aus.[83]

Die Einführung des EU-Zolls könnte eine vergleichbare Dynamik auslösen. Was aus der Perspektive der EU-Klimapolitik fair erscheint – nämlich eine »Steuer« an der Grenze, um die »Steuer« auf Emissionen innerhalb der EU auszugleichen –, wird von Europas Handelspartnern als Protektionismus im grünen Gewand gesehen. Staaten wie die Türkei, Südkorea oder Russland sowie viele einkommensschwache Entwicklungsländer fürchten um ihre Chancen auf dem europäischen Markt. Die ersten Reaktionen waren dementsprechend durchwegs negativ, die EU wurde aufgefordert, auf den Zoll zu verzichten. China wäre angesichts des riesigen Handelsvolumens besonders stark betroffen und könnte die derzeitigen Preis-

83 Tagliapietra, Simone, The geopolitics of energy in Europe: Short-term and long-term issues, Papeles de Energía 17, Juni 2022.

vorteile verlieren. China hat zwar mittlerweile einen eigenen Emissionshandel, den es gegenrechnen könnte, dabei wird CO_2 jedoch sehr viel niedriger bepreist als in Europa. Auf die EU kommt hier eine diplomatische Gratwanderung zu. Auf der einen Seite könnte die EU versuchen, Druck gegenüber Peking aufzubauen mit dem Ziel, dass China seine Emissionsdaten transparenter macht und die Subventionen der chinesischen Exporte runterfährt. Auf der anderen Seite könnte mit einer allzu starren europäischen Haltung die Zusammenarbeit in Klimafragen beeinträchtigt werden. Zudem wäre mit Gegenmaßnahmen Chinas zu rechnen.[84] Der europäische Klimazoll steht auch im Zentrum der Verhandlungen zu dem geplanten Freihandelsabkommen zwischen der EU und Indien. Aus Sicht der EU können Waren aus Indien nur mit einem CO_2-Preis ungehindert nach Europa kommen. Aus der Perspektive Indiens würde ein nationaler CO_2-Preis wie eine Bremse auf das Wirtschaftswachstum des Subkontinents wirken. Fragen der historischen Verantwortung in Hinblick auf Verursachung der Klimakrise, auf die ich im dritten Teil dieses Buches noch näher eingehen werde, verkomplizieren die Diskussion weiter. Es zeigt sich bereits in der Pilotphase, wie schwierig es ist, mithilfe eines handelspolitischen Instruments Klimapolitik in globalem Maßstab zu machen.

Der EU-Zoll wird auch die Einfuhren aus den Vereinigten Staaten treffen. In den USA erwies sich die Einführung einer CO_2-Steuer auf Bundesebene trotz einiger Anläufe in der Vergangenheit als Ding der politischen Unmöglichkeit. An dieser Tatsache wird auch der drohende EU-Zoll nichts ändern. Das relativiert auch den globalen Gestaltungsanspruch der EU, der spätestens an der Grenze von Großmächten wie den USA

84 Dröge, Susanne, Ein CO_2-Grenzausgleich für den Green Deal der EU, SWP-Studie, Juli 2021.

jäh endet. Der fehlende CO_2-Preis in den USA steht auch der Schaffung eines internationalen Klimaclubs gleich gesinnter Staaten, die gemeinsam Zölle auf Importe von außerhalb des Clubs einheben – wie vom Ökonomen und Nobelpreisträger William Nordhaus vorgeschlagen –, entgegen. Aufgrund der sehr unterschiedlichen Herangehensweise beim Klimaschutz zwischen den USA und Europa wird es schwierig werden, auf einen »grünen« Zweig zu kommen. Europa kann die Einführung des Klimazolls aber schwerlich wieder zurücknehmen, ohne massiv an internationaler Glaubwürdigkeit zu verlieren. Wenn die EU den USA beim Klimazoll nicht entgegenkommt, um anderswo Zugeständnisse herauszuschlagen, dann ist das Risiko neuer transatlantischer Handelskonflikte in naher Zukunft durchaus real. In einer Welt, die bereits durch Protektionismus und Konflikt gekennzeichnet ist, könnte der EU-Klimazoll weitere Handelskriege auslösen.[85]

Auch viele der ärmsten und vom Klimawandel besonders betroffenen Länder des Globalen Südens sind besorgt über die zu erwartenden wirtschaftlichen Folgen. Die Kritik ging so weit, dass sogar von einem »regulatorischen Imperialismus« durch die EU die Rede war.[86] Eine Studie der London School of Economics (LSE) ergab, dass Afrika als Kontinent jährlich bis zu 25 Milliarden US-Dollar als Folge des EU-Klimazolls verlieren könnte. Die Auswirkungen fallen sehr unterschiedlich aus. So kommen fast acht Prozent der Aluminiumimporte der EU aus Mosambik, das durch den anfallenden EU-Zoll das voraussichtlich am schwersten betroffene afrikanische Land sein wird. Trotz des vernachlässigbaren Beitrags vieler Entwicklungsländer zu Erderhitzung und Umweltzerstörung – jedenfalls im

85 Tocci, Nathalie, A Green and Global Europe.

86 Lamy, Pascal et al., EU trade and the environment: Development as the missing side of the triangle, Europe Jacques Delors, 2.6.2023.

Vergleich mit dem Raubbau durch die Industriestaaten – hat es die EU bislang abgelehnt, diesen Staaten Ausnahmen vom Klimazoll einzuräumen. Es ist der Anspruch der EU, dass Entwicklungspolitik, Handel und Klimaschutz einander nicht ausschließen, sondern vielmehr gegenseitig verstärken sollen. Bis zur tatsächlichen Einführung des Klimazolls bleibt noch Zeit, diese Kritik ernster zu nehmen und einen neuen Ansatz zur Ökologisierung der Handelsströme mit dem Globalen Süden zu entwickeln.

Der EU-Klimazoll ist ohne Zweifel ein großes Puzzleteil für das Gelingen des EU Green Deal. Die Spannungen rund um die Einführung zeigen aber, welche Fallstricke auf Europa zukommen. Es wird kein Weg daran vorbeiführen, die mehrjährige Testphase dafür zu nutzen, den europäischen Handelspartnern die Funktionsweise des Klimazolls besser zu erklären, die Bedenken auszuräumen und Ausnahmen für besonders verwundbare Länder einzuräumen. Das geht nur mit diplomatischem Fingerspitzengefühl und viel Abstimmung nach innen und außen. Nur so kann der »First Mover Disadvantage« in einen Vorteil für Europa verwandelt werden.

18
EUROPA UND DER FEUERRING RUND UM SEINE GRENZEN

Ein Blick auf die Landkarte zeigt, dass Europa von einem »Ring of Fire« umgeben ist. Dieser »Feuerring« verläuft von Nordafrika über den Nahen Osten, die Türkei und den Kaukasus bis zur Ukraine und nach Belarus. Es ist eine Nachbarschaft, die sich durch Instabilität und Konflikt auszeichnet – und nichts deutet darauf hin, dass sich daran bald etwas ändern wird und der »Feuerring« erlischt. Der Spruch »Geografie ist Schicksal« gilt auch für Europa, das seiner geografischen Lage nicht entkommen kann. Umso wichtiger ist es, dass Europa seine alte Gewohnheit ablegt, sich für die eigenen Nachbarn in erster Linie in Zusammenhang mit der Eindämmung von Migration und als Bezugsquelle fossiler Energien zu interessieren, und stattdessen ein besseres Verständnis davon gewinnt, dass die Energiewende unmittelbare Auswirkungen auf Europas Peripherie haben wird. Falls Europa dazu in der Lage ist, bieten sich vielfältige Möglichkeiten einer neuen Zusammenarbeit, die auch im Interesse der Nachbarn liegt.

Wie bereits skizziert, werden viele der ohnehin fragilen Staaten in Europas Nachbarschaft zu den Verlierern der Energiewende gehören. Zwar werden Öl und Gas noch für längere Zeit in Richtung Europa fließen, ab den dreißiger Jahren wird der Rückgang bei den europäischen Einfuhren aber spürbar sein. Investitionen in die neue Infrastruktur werden schrumpfen, das Ablaufdatum des fossilen Geschäftsmodells wird näher rücken. Es bleiben damit nur noch einige Jahre Zeit, um sich auf das vorzubereiten, was kommen wird. Die EU hat in diesem Prozess eine Verantwortung, jene Staaten zu unterstützen, die besonders stark vom europäischen Energiemarkt abhängig sind. Dabei geht es um nichts weniger als um die politische Stabilität von Staaten wie Marokko, Algerien, Tunesien oder Libyen. Diese Staaten haben allesamt große Möglichkeiten bei der Herstellung von erneuerbaren Energien, was sie zu natürlichen Partnern Europas macht. Hier zeigt sich einmal mehr die enge Verschränkung von Energie- und Außenpolitik, denn gerade die EU hat ein geostrategisches Interesse daran, dass die Länder vor der eigenen Haustür nicht in eine turbulente Energiewende schlittern.

Algerien ist dabei ein guter Testfall für die außenpolitischen Risiken der Energiewende. Das Land ist Afrikas größter Gasexporteur und der drittgrößte Lieferant von Erdgas nach Europa. Nach dem russischen Angriffskrieg auf die Ukraine konnte Algerien die Gaslieferungen nach Europa erhöhen, was insbesondere in Italien, Spanien und Portugal dankend angenommen wurde. Der überwiegende Teil der Energieinfrastruktur des Landes ist auf den europäischen Markt ausgerichtet. Die finanzielle Abhängigkeit von den Einnahmen aus den fossilen Energien ist enorm. Gleichzeitig ist Algerien ein autoritär regiertes Land, Menschenrechtsverletzungen stehen auf der Tagesordnung. Die strenge Kontrolle über die fossilen Ressourcen trägt dazu bei, dass sich das Regime über Wasser halten kann. In gewisser Weise versinnbildlicht Algerien die These, dass fossile Energien Unfreiheit begünstigen. Aus Angst vor einem Kontrollverlust wird die Umstellung weg von fossilen Energien verschleppt. Nur langsam erkennt die algerische Regierung, dass sie die Weichen in Richtung Zukunft stellen muss und die Wirtschaft breiter aufgestellt gehört. Gerade bei der Entwicklung eines starken Sektors für erneuerbare Energien verfügt Algerien über ein riesiges Potenzial.[87]

Laut den Ergebnissen einer Studie von »Desertec Industrial Initiative«, einer Stiftung, die gegründet wurde, um die Energiepotenziale der Wüsten zu erforschen, könnte mit einem Ausbau von Photovoltaik auf lediglich acht Prozent der Sahara der gesamte globale Energiebedarf gedeckt werden.[88] Generell verfügt der südliche Mittelmeerraum angesichts der vielen Sonnenstunden nicht nur über die besten Voraussetzungen für Photovoltaik, er hat auch sehr gute Standorte für Windenergie. Es ist im Interesse der Region, den Großteil der gewonnenen Energie direkt vor Ort zu nutzen, um die eigene wirtschaftliche Entwicklung anzukurbeln. Das Potenzial für Energieausfuhren bleibt aber groß, da gerade Europa in Anbetracht der fortschreitenden Elektrifizierung einen steigenden Bedarf an erneuerbarem Strom haben und auf importierte Solar- und Windenergie aus benachbarten Regionen zurückgreifen wird. Bereits jetzt ist Marokko mit dem europäischen Stromnetz verbunden, bis 2025 sollen Libyen, Ägypten, Algerien und Tunesien ebenfalls an das Netz angeschlossen sein.

In Hinblick auf den zukünftig schrumpfenden Öl- und Gasmarkt wird vielfach grüner Wasserstoff – das ist jene Form von Wasserstoff, die ausschließlich aus erneuerbaren Energiequellen hergestellt wird – als neuer Heilsbringer gesehen. Für die Fürsprecher gilt Wasserstoff als eine Art »Schweizer Taschenmesser der Energiewende«, das sich in praktisch allen Lebenslagen einsetzen lässt.[89] Dabei wird oft außer Acht gelas-

87 Leonard, Mark et al., The Geopolitics of the European Green Deal, ECFR, 3.2.2021.

88 Cienski, Jan; Hernandez, America, Why carbon-free Europe will still need North African energy, Politico, 21.6.2020.

89 Tooze, Adam, Hydrogen Is the Future – or a Complete Mirage, Foreign Policy, 14.7.2023.

sen, dass die Produktion von grünem Wasserstoff alles andere als günstig ist. Das spricht für eine konzentrierte Anwendung in jenen Industriesektoren, die sich nur schwer elektrifizieren lassen, also Chemie, Stahl, Aluminium, Zement und die Düngemittelherstellung. In diesen Bereichen ist Wasserstoff ein entscheidender Energieträger, um der Abwanderung der europäischen Industrie einen Riegel vorzuschieben. Auch als Speichermedium wird Wasserstoff als unverzichtbar gesehen.

Aus geopolitischer Sicht besteht die Anziehungskraft von grünem Wasserstoff darin, dass er eine neue, dringend benötigte Vision für die zukünftige Kooperation zwischen dem energiehungrigen Europa und der sonnen- und windreichen südlichen Nachbarschaft bietet. Neben reichlich Wind und Sonne hat Nordafrika niedrigere Arbeitskosten, wodurch es in der Lage ist, billiger zu produzieren als die meisten europäischen Konkurrenten. In den Augen seiner Fürsprecher kann durch Wasserstoff quasi das Sonnenlicht verschifft werden und so die Energie der Sonne und des Windes um die Welt transportiert werden. Aufgrund der geografischen Nähe zu Nordafrika können bestehende Erdgas-Pipelines für den Transport nach Europa genutzt werden. Wasserstoff kann aber auch in Flüssigform oder als Derivat wie verflüssigtes Ammoniak transportiert werden.

Die Schätzungen, wie rasch grüner Wasserstoff in ausreichenden Mengen zur Verfügung stehen wird, gehen weit auseinander. Das Potenzial für den Handel mit Wasserstoff ist aber enorm. Gemäß den (über)ehrgeizigen EU-Zielen sollen bis 2030 neben zehn Millionen Tonnen europäischer Produktion von grünem Wasserstoff ebenfalls zehn Millionen Tonnen importiert werden, um damit Erdgas, Kohle und Öl zu ersetzen.[90]

90 Europäische Kommission, Auswärtiges Engagement der EU im Energiebereich in einer Welt im Wandel, 18.5.2022.

Dazu soll eine eigene Wasserstoff-Außenpolitik entwickelt werden, um die klima-, energie- und handelspolitischen Ziele miteinander in Einklang zu bringen, sowie ein regelbasierter, transparenter und weltweiter Markt für grünen Wasserstoff, der auf verlässlichen internationalen Standards beruht, vorangetrieben werden.[91] In gewisser Hinsicht stellt Wasserstoff für viele das Versprechen dar, dass sich durch die Energiewende zwar alles ändern muss – aber nur, damit letztlich alles so bleiben kann, wie es ist.

Was für die südliche Nachbarschaft gilt, stimmt umso mehr für den Osten Europas. Die Solidarität mit der Ukraine wird neben humanitärer und militärischer Hilfe auch tatkräftige Unterstützung für die Transition hin zu einer grünen Wirtschaft umfassen müssen. Es wird an der EU liegen, den Großteil des Wiederaufbaus der Ukraine zu schultern, um so die europäische Perspektive der Ukraine mit Leben zu erfüllen. Dabei könnte gerade ein »grüner« Wiederaufbau die dringend benötigte Vision für das vom Krieg zerstörte Land bieten. Mittels eines »Europas der verschiedenen Geschwindigkeiten«, das unterschiedliche Stufen der europäischen Zusammenarbeit vorsieht, könnte die Ukraine einen begrenzten Zugang zum Green Deal und zur Energieunion erhalten.

Angesichts des Umfangs der Kriegsschäden in der Ukraine ist die Größenordnung dieses Unterfangens derzeit noch kaum zu fassen. Hier nur zwei Beispiele, wie ein grüner Wiederaufbau aussehen kann: Das Stahlwerk in Mariupol wurde nach monatelangen Kämpfen völlig zerstört. Angesichts der ukrainischen Eisenerzvorkommen wäre es die Anstrengung wert, dieses zerstörte Stahlwerk neu aufzubauen – aber dieses Mal mit der neuen Technologie des Elektrolichtbogenofens, um so grünen Stahl

91 Rat der EU, Council conclusions on Climate and Energy Diplomacy, 9.3.2023.

liefern zu können.[92] In Hinblick auf die Finanzierung wäre es sinnvoll, der Ukraine Gelder aus dem Europäischen Grünen Deal vorab zur Verfügung zu stellen, auf die sie normalerweise erst mit einem Beitritt zur Union Anspruch hätte. Zweiter Schauplatz, das Horenka-Krankenhaus, das durch eine russische Granate im März 2022 beschädigt wurde. Die Umweltschutzorganisation Greenpeace beschloss daraufhin gemeinsam mit ukrainischen NGOs, ein Solarkraftwerk mit einer Wärmepumpe auf dem Krankenhaus zu installieren. Schon jetzt zeigen die ersten Ergebnisse, dass der grüne Umbau Früchte trägt. Seitdem musste der Dieselgenerator nicht eingesetzt werden, da das neue Solarkraftwerk das Krankenhaus auch bei Stromausfällen mit Strom versorgt. Angesichts der fortdauernden Angriffe Russlands auf die Infrastruktur der Ukraine kann das lebenswichtig sein. Das zeigt, dass schon heute Sonnenenergie die medizinische Versorgung in der Ukraine sicherer und widerstandsfähiger macht. Ein »mit Wind und Sonne betriebenes Energiesystem ist also nicht nur langfristig umweltfreundlicher, sondern hilft den Ukrainern auch jetzt, den Krieg zu überstehen«, so Greenpeace.[93]

Horenka ist ein Beispiel dafür, was möglich ist. Es kann ein Vorbild sein, wie der Wiederaufbau im Rest des Landes aussehen kann, und den Weg weisen, wie in einem post-fossilen Europa die Energie- und Klimawende zur Renaissance des europäischen Friedensprojekts beitragen kann.

92 Grabbe, Heather, Ukraine can be a leader of Europe's green transition, Financial Times, 3.8.2022.

93 Greenpeace, Grüner Wiederaufbau: Krankenhaus in Ukraine eröffnet, https://greenpeace.at/news/gruener-wiederaufbau-krankenhaus-in-ukraine-eroeffnet/, 24.2.2023.

19
NEUAUSRICHTUNG DES ALTEN KONTINENTS

»Die EU hat den grünen Wandel eingeleitet, weil die Wissenschaft uns sagt, dass wir es machen müssen, weil die Ökonomie uns lehrt, dass wir es machen sollen und weil die Technologie uns zeigt, dass wir es machen können.«[94] Mit diesen Worten hat der ehemalige EU-Klimaverantwortliche Frans Timmermans die Notwendigkeit der Energiewende sehr schön auf den Punkt gebracht. Er hätte noch hinzufügen können: »Und weil wir Europäerinnen und Europäer in der Ära der Energieunsicherheit sowieso keine andere Wahl haben.« Denn angesichts einer stark erodierenden regelbasierten Weltordnung ändert sich unser internationales Umfeld rasant. Mit der russischen Invasion in der Ukraine ist nicht nur der Krieg nach Europa zurückgekehrt, er hat auch eine kostspielige Energiekrise ausgelöst. Die ungelösten Konflikte im Nahen Osten machen die globalen Energiemärkte unberechenbar und gefährden wichtige Handelsrouten zwischen Asien und Europa. Die sino-amerikanische Rivalität wurde im Lauf der letzten Jahre zu einer Art Leitmotiv der internationalen Beziehungen und verkomplizierte Europas Bemühungen um mehr Selbständigkeit. Kurzum, die Energiewende findet in einer Phase statt, in der die dreifache Abhängigkeit Europas ins Auge sticht: abhängig von Russland für sein Öl und Gas, abhängig von China für

94 Timmermans, Frans: The geopolitics of climate change.

wichtige Rohstoffe und Technologien – und abhängig von den Vereinigten Staaten für seine militärische Sicherheit. Es ist, als ob sich im Laufe der letzten Jahre in Europa zu viele offene Rechnungen summiert hätten, die jetzt alle auf einmal zu bezahlen sind.

Europas Auszeit von der Geschichte ist damit zu Ende gegangen. Umso nötiger ist nun eine geopolitische Neuausrichtung des alten Kontinents. Ein Blick in die Vergangenheit zeigt, wie es gehen kann. Die Europäische Gemeinschaft für Kohle und Stahl ist zum Herzstück der europäischen Integration geworden, indem die sechs Gründungsmitglieder Belgien, Deutschland, Frankreich, Italien, Luxemburg und die Niederlande die strategische Entscheidung trafen, die Kohle- und Stahlproduktion unter eine gemeinsame Verwaltung zu bringen. Damit war das Fundament der europäischen Einigung gelegt. Mit der Schaffung des Grünen Deals wurde eine vergleichbare strategische Entscheidung getroffen. In der Theorie weiß die EU, dass dieser Grüne Deal nur dann erfolgreich sein wird, wenn er über die europäischen Grenzen hinaus wirkt. In der Praxis sind die Anstrengungen der EU aber stark nach innen gerichtet. Zudem darf nicht übersehen werden, dass die hektische Suche nach neuen Gasquellen nach dem Ausbruch des russischen Krieges in der Ukraine die Glaubwürdigkeit Europas als Klima-Vorreiter in weiten Teilen der Welt beschädigt hat. Das spiegelt sich auch in der Strategie der EU vom Mai 2022 wider, die sichtlich unter dem Schock der Energiekrise verfasst wurde und viele kurzfristige Maßnahmen vorschlägt, um russisches Erdgas zu ersetzen.[95]

Eine neu ausgerichtete europäische Energiestrategie muss dagegen die zentrale Rolle erneuerbarer Energien und grüner

95 Europäische Kommission, Auswärtiges Engagement der EU im Energiebereich in einer Welt im Wandel.

Technologien auf dem Weg zur Klimaneutralität verankern. Nur ein solcher Zugang stellt eine zukunftstaugliche Alternative zum derzeitigen Modell dar, das sich zu oft auf den Abschluss neuer Lieferverträge für Erdöl und Erdgas konzentriert. Der Schwerpunkt einer solchen Strategie sollte dabei in der europäischen Nachbarschaft liegen.[96] Es muss darin auch klar zum Ausdruck kommen, dass nur mit einer gemeinsamen, partnerschaftlichen Herangehensweise die Energiewende gelingen kann. Denn ein neues globales Energiesystem bedeutet nicht einfach, dass fossile Brennstoffe durch erneuerbare Energien ersetzt werden, sondern es wird sich grundlegend und strukturell vom heutigen System unterscheiden müssen. Zusammenarbeit und Partnerschaften werden der Schlüssel sein. Wenn das beherzigt wird, kann die Energiewende letztendlich einen Beitrag für mehr Frieden und Stabilität im internationalen System leisten. Es wird zwar neue Abhängigkeiten geben, diese werden aber moderater ausfallen als bisher. So wie es auch »keine Geopolitik der Karotten« gibt,[97] bieten auch erneuerbare Energieträger weniger Potenzial für Konflikte. Es wird leichter für Staaten, sich selbst mit Energie zu versorgen und kein Staat der Welt wird darauf angewiesen sein, dass beispielsweise die Straße von Hormuz – das Nadelöhr des Welthandels – offen bleibt, um Strom aus Wind und Sonne zu gewinnen. Es wird zwar weiter wichtige Hebel für die Ausübung von Kontrolle geben, aber sie werden nicht so mächtig sein wie im derzeitigen fossilen System.

Genauso wie Kohle, Öl und Gas unsere moderne Welt schufen, werden Erneuerbare unsere zukünftige Welt gestalten. Die

96 Graf, Andreas; Buck, Matthias, EU policies for climate neutrality in the decisive decade.

97 Hook, Leslie; Sanderson, Henry, How the race for renewable energy is reshaping global politics, Financial Times, 4.2.2021.

Energiewende wird nicht nur die Emissionen reduzieren, sie wird – wie alle historischen Umbrüche – auch Macht neu verteilen. Eines wird dabei aber gerne unterschlagen: Der Weg dahin ist lang und vollgepflastert mit Stolpersteinen. Dementsprechend turbulent und mitunter chaotisch wird die Übergangsphase werden. In dieser Umbruchszeit werden wir neue Formen des Wettbewerbs und des Kampfes um Ressourcen, Technologien und Einflusssphären sehen. Damit es sich beim Umstieg von Fossilen auf Erneuerbare nicht lediglich um neuen Wein in alten Schläuchen handelt, müssen sich die Regierungen noch viel stärker mit den geopolitischen Risiken der Energiewende auseinandersetzen, als sie es bisher getan haben. Falls dies nicht gelingt, würde das eine erfolgreiche Energiewende selbst gefährden – und die Welt kann es sich kaum leisten, noch mehr Hindernisse auf dem ohnehin schwierigen Weg zur Klimaneutralität überwinden zu müssen.

Joschka Fischer hat in seinem Buch »Zeitenbruch« davon geschrieben, dass wir es gleichzeitig mit zwei Realitäten zu tun haben, »dem traditionellen Staatenegoismus einerseits und der immer bedrohlicher wirkenden Zukunft unter den Bedingungen der Klimakrise andererseits, die die planetare Verantwortung des Menschen erzwingt«.[98] Der dritte Teil dieses Buches handelt von diesen beiden einander widersprechenden Realitäten und davon, wie Europa einen Beitrag leisten kann, diesen Widerspruch jenseits von Nullsummenspielen, bei denen ein Staat nur gewinnen kann, indem ein anderer gleichzeitig an Macht verliert, mit aufzulösen.

98 Fischer, Joschka, Zeitenbruch. Klimawandel und die Neuausrichtung der Weltpolitik, Kiepenheuer & Witsch, 2022.

TEIL III
DIE KLIMAKRISE UND DIE NEUE WELTUNORDNUNG

Wir schlafwandeln in die Klimakatastrophe.

UN-Generalsekretär
António Guterres

20
WIR SCHLAFWANDLER

In seinem Buch »Die Schlafwandler« zeichnet der Historiker Christopher Clark die Ereignisse, die zum Ausbruch des Ersten Weltkriegs führten, minutiös nach.[99] In seiner Interpretation ist der Ausbruch des Ersten Weltkriegs eine Kette von Entscheidungen, die keinesfalls unausweichlich waren. Auf jeder Stufe auf dem Weg in die Katastrophe gab es auch Auswege. Gegenseitiges Misstrauen, Fehlkalkulationen und Nationalismus führten zu einem Krieg, dessen verheerende Folgen niemand vorhersah. Clark beschreibt Politiker, die sich mit nachtwandlerischer Sicherheit in Richtung Abgrund bewegten.[100]

Bei einem Blick auf die weltweite Klimapolitik der letzten drei Jahrzehnte drängt sich ein ähnlicher Befund auf. Trotz aller rhetorischer Bekenntnisse zur Bedeutung des Klimaschutzes lassen sich die bisherigen Bemühungen mit der Formel »too little, too late« zusammenfassen – viel zu kleine Fortschritte, die noch dazu zu spät erfolgt sind. Dabei gibt es einen wesentlichen Unterschied zwischen unserer Zeit und den Jahren vor dem Ersten Weltkrieg: Anders als damals kommt die Klimakrise nicht überraschend – außer vielleicht, was ihre Geschwindigkeit und ihre Intensität betrifft. Bereits im Jahr 1988 wurde der Weltklimarat gegründet, um als maßgebliche Institution

99 Clark, Christopher, Die Schlafwandler. Wie Europa in den Ersten Weltkrieg zog, DVA, 2013.

100 Zehetner, Thomas, Wir Schlafwandler in der Klimakrise, Die Presse, 5.5.2022.

die Staaten mit wissenschaftlich fundierten Informationen zu versorgen. Schon damals wurde das Ziel formuliert, einen »gefährlichen Klimawandel« zu verhindern. Ein Jahr später, am 6. und 7. November 1989, fand in den Niederlanden eine wichtige Konferenz der Vereinten Nationen statt, in der die Weltgemeinschaft versuchte, sich auf ein verbindliches Abkommen zur Begrenzung des CO_2-Ausstoßes zu einigen. Einen Tag darauf, am 8. November 1989, machte die Weltgeschichte Pause, und bereits am 9. November 1989 fiel die Berliner Mauer. Die Menschen aus Ostdeutschland konnten wieder in den Westen, das Ende des Kalten Krieges wurde eingeläutet. Kurz darauf brach die Sowjetunion zusammen und die europäische Einigung kam richtig in Schwung. Einer neuen Ära des Fortschrittsglaubens und des Optimismus stand nichts mehr im Wege und mancherorts wurde bereits das »Ende der Geschichte« ausgerufen, wonach die demokratisch-kapitalistische Ordnung endgültig gesiegt hätte.

Heute teilt kaum jemand – zumindest in Europa – diesen ungebrochenen Fortschrittsglauben. Nicht nur, dass autokratische Systeme auf dem Vormarsch sind, dem Westen ist auch die Gabe abhandengekommen, positive Zukunftsbilder zu zeichnen. Ein wesentlicher Grund für diese Ernüchterung ist die davongaloppierende Klimakrise. Insofern ähnelt unsere Zeit eher den Jahren vor dem Zweiten Weltkrieg, als sich das Gefühl ausbreitete, auf einer glatten Bahn in Richtung einer Klippe hinunterzurutschen und nicht viel dagegen tun zu können.[101] In diesem Licht betrachtet ist es eine offene Frage, wie zukünftige Historiker auf die Epoche nach 1989 zurückblicken werden – eine Umdeutung des »Endes der Geschichte« dahin gehend, dass die Menschheit erst mit diesem Wendejahr so rich-

101 Robinson, Kim Stanley, A climate plan for a world in flames, Financial Times, 20.8.2021.

tig begann, am eigenen Ast zu sägen? Schließlich hat der Ausstoß der weltweiten Treibhausgasemissionen erst seit den neunziger Jahren Fahrt aufgenommen. Die »Große Transformation« wurde von Karl Polanyi zwar bereits 1944 ausgerufen, eine richtige Beschleunigung aller Lebensbereiche erfolgte aber erst nach dem Ende des Kalten Krieges. Seitdem wurde mehr CO_2 ausgestoßen als in der gesamten Menschheitsgeschichte davor. Der überwiegende Teil der Erderhitzung ist also in einer Zeit entstanden, in der man über die Risiken des Klimawandels bereits im Bilde war. Erschwerend kommt hinzu, dass die Vereinten Nationen damals noch handlungsfähiger waren als heute und es mit ungleich weniger Anstrengung möglich gewesen wäre, die Erderhitzung einzubremsen. Allein, der Rausch der Globalisierung wirkte stärker, die Prioritäten während des sogenannten »unipolaren Moments« der amerikanischen Dominanz lagen anderswo.

Heute wissen wir, dass nichts selbstverständlich ist, weder der Fortschritt, noch die Demokratie – und schon gar nicht, dass auf Krisen, so groß sie auch sein mögen, auf angemessene Art und Weise reagiert wird. Wir erleben einen grundlegenden Übergang, ein »Interregnum«, wie Antonio Gramsci es nannte, »in dem die alte Welt im Sterben liegt« und »die neue (…) noch nicht geboren« ist.[102] Es ist eine Zeit, in der unsere politischen Institutionen und Prozesse nicht mehr mit den tiefgreifenden Veränderungen Schritt halten können. Der Eindruck täuscht nicht, dass die globale Ordnung vor unseren Augen zerfällt. Für lange Zeit haben wir in einer Welt gelebt, in der die G7-Staaten, also die führenden westlichen Industriestaaten, die weltweiten Spielregeln vorgaben. Mit der globalen Finanzkrise 2008 hat dieses Gremium stark an Relevanz eingebüßt. Die Perspektive, dass stattdessen ein Konzert der 20 wichtigs-

102 Gramsci, Antonio, Gefängnishefte, 10 Bände, Berlin/Hamburg, 1991–2002.

ten Staaten, die G20, diese Rolle ausfüllen würde, hat sich als nicht tragfähig erwiesen. Es drängt sich daher der Befund auf, dass wir nach wie vor in einer »G-Null-Welt« stecken, in der nicht einmal die USA oder China über den klaren Willen sowie die passenden Werkzeuge verfügen, um der restlichen Welt die eigene Agenda vorschreiben zu können. In so einer Welt ist die Zusammenarbeit in vielen Bereichen – der Kampf gegen die Klimakrise ist nur einer davon – durch rasenden Stillstand geprägt: »Viele Staaten sind fraglos stark genug, um die internationale Gemeinschaft am Handeln zu hindern, aber keiner besitzt die politische und wirtschaftliche Stärke, um den Status quo neu zu gestalten«, so der US-Politologe Ian Bremmer.[103]

Welche Schlüsse lassen sich daraus für die internationale Zusammenarbeit beim Klimaschutz ziehen? Die Konturen einer zukünftigen Ordnung lassen sich noch nicht vorhersagen, so viel ist klar. Es fällt leicht, sich eine gefährlichere und weniger wohlhabende Welt vorzustellen, die ihre Probleme nicht in den Griff bekommt und sich in Konflikten verstrickt. Mit ein wenig Fantasie lässt sich aber auch eine freundlichere Ordnung vorstellen, in der die wichtigen Mächte – allen voran die USA, China und Europa – in einigen Bereichen miteinander konkurrieren, in anderen zusammenarbeiten und neue, flexiblere Spielregeln einhalten. All das mit dem Ziel, die Grundzüge einer offenen Weltwirtschaft zu bewahren, großflächige bewaffnete Konflikte zu vermeiden und die schlimmsten Auswüchse der Klimakrise einzudämmen.[104] Mit noch ein wenig mehr Fantasie lässt sich auch eine Welt vorstellen, in der das gemeinsame Vorgehen gegen die Klimakrise zu einem »goldenen Faden« der Zusam-

---

103 Schmitz, Gregor Peter, Welt ohne globale Führung, Deutschlandfunk, 8.4.2013, https://www.deutschlandfunk.de/welt-ohne-globale-fuehrung-100.html.

104 Rodrik, Dani; Walt, Stephen M., How to Build a Better Order, Foreign Affairs, September/Oktober 2022.

menarbeit wird. Ein solches Szenario würde auf der simplen Einsicht beruhen, dass auch der Klimawandel keine nationalen Grenzen respektiert und wirksamer Klimaschutz – bis zu einem gewissen Grad – kollektives Handeln voraussetzt.

Die Schwierigkeit, unsere gegenwärtige Situation auf den Punkt zu bringen, kommt wohl daher, dass beide Aussagen stimmen: Zum einen wäre es naiv anzunehmen, dass der Wettbewerb der Staaten um die Entwicklung der neuesten Technologien und um den Zugang zu Ressourcen aus der gebotenen Sorge um das Gemeinwohl von heute auf morgen für beendet erklärt wird. Zum anderen ist es schwer vorstellbar, dass der Erfolg bei der Eindämmung der Erderhitzung ohne ein Mindestmaß an gegenseitigem Vertrauen und internationaler Zusammenarbeit erfolgreich sein kann. Wir bewegen uns genau in diesem Spannungsfeld aus Kooperation und Konkurrenz. Wenn es auch nicht möglich ist, vorherzusagen, welche Kräfte in diesem Ringen die Oberhand gewinnen werden und welche neue Ordnung aus den Trümmern des jetzigen globalen Systems hervorgehen wird, erscheint doch eine angemessene Reaktion auf die Klimakrise unabdingbar.

Die zentrale Frage dafür ist, wie sich der Widerspruch zwischen der machtpolitisch ausgerichteten Staatenwelt und der Notwendigkeit nach planetarer Verantwortung auflösen beziehungsweise wie die Kluft zwischen den drastischen Warnungen des Weltklimarats vor einer bevorstehenden »Heißzeit« und den schleppenden Klimaverhandlungen geschlossen werden kann.[105] Dazu werde ich zunächst in den folgenden Kapiteln auf die Erfolge, aber auch auf die ins Auge stechenden Limitierungen der Weltklimakonferenzen im Rahmen der Vereinten Nationen eingehen.

105 Zehetner, Thomas, Eine Wiener Klimakonferenz gegen den Stillstand, Falter, 10.11.2022

21
GOOD COP, BAD COP – DIE WELTKLIMAKONFERENZEN IM SPIEGEL DER ZEIT

Die jährlich stattfindenden Weltklimakonferenzen – auch kurz COPs (Conference of the Parties) genannt – finden in keinem Vakuum statt, sie sind immer auch vom aktuellen Weltgeschehen und dem herrschenden Zeitgeist geprägt. Die COPs gehen zurück auf den »Weltgipfel für Klima und Entwicklung« im Jahr 1992 in Rio de Janeiro (»Rio Earth Summit«), die bis dahin größte internationale Konferenz, die es je gab. Es war das erste Treffen seit Anfang der siebziger Jahre, das Umweltfragen in einem globalen Rahmen diskutierte. Auf diesem »Earth Summit« wurde die Klimarahmenkonvention (UNFCCC) beschlossen, die bis heute die völkerrechtliche Grundlage für die Weltklimapolitik bildet. Ihr Ziel ist »die Stabilisierung der Treibhausgaskonzentrationen auf einem Niveau, bei dem eine gefährliche, vom Menschen verursachte Störung des Klimasystems verhindert wird«. Dazu sollen alle Staaten gemäß ihrer »gemeinsamen, aber unterschiedlichen Verantwortung und Kapazitäten« beitragen. Mit diesem Passus wird die Verteilung der Lasten der Klimapolitik und damit die Zweiteilung der Welt in Industrie- und Entwicklungsländer festgeschrieben. Den OECD-Staaten wird zudem die Pflicht auferlegt, die Finanzierung der globalen Klimapolitik zu schultern – entsprechend ihrer größeren Verantwortung für die Klimakrise gegenüber den Entwicklungsländern, die weniger zur Entstehung der Erderhitzung beigetragen haben. Diese Zweiteilung spiegelt den Stand der wirtschaftlichen Entwicklung Anfang der neunziger Jahre wider. Damals dominierten die Vereinigten Staaten, Westeuropa und Japan die Weltwirtschaft, der Aufstieg Chinas steckte noch in den Kinderschuhen. Bis heute prägt die Interpretation dieses Prinzips der »gemeinsamen, aber unterschiedlichen Verantwortung« die Diskussion über Gerechtigkeitsfragen in der Weltklimapolitik.

Das 1997 angenommene Kyoto-Protokoll war der nächste Meilenstein in der internationalen Klimapolitik. Es war das erste völkerrechtlich bindende Klimaübereinkommen und steht ganz in der Denkschule der neunziger Jahre, die noch die Zuversicht teilte, dass ein globales Problem wie die Erderhitzung nur durch verbindliche Regeln in den Griff zu bekommen sei. Das Kyoto-Protokoll lässt sich damit in diese Hoch-Zeit des Völkerrechts einreihen, in die auch die Schaffung des Internationalen Strafgerichtshofs 1998 fällt, dem eine Zuständigkeit für die Kernverbrechen des Völkerstrafrechts eingeräumt wird, oder auch die intensiv geführte Diskussion um die Zulässigkeit »humanitärer Interventionen«, also dem Eingriff mit bewaffneten Truppen in das Hoheitsgebiet eines anderen Staates zum Schutz von Menschen in einer humanitären Notlage. Mit der maximalen völkerrechtlichen Verbindlichkeit bei der Ausgestaltung der Klimaziele verpflichten sich die Staaten im Kyoto-Protokoll, die zugesagten Ziele in ihrer nationalen Politik umzusetzen, regelmäßig überprüfen zu lassen und für die genaue Erfassung ihre Emissionen zu sorgen.[106] Die Zweiteilung in Industrie- und Entwicklungsländer wird aufrechterhalten, was es aus Sicht des Südens zu einem zentralen Dokument macht, um die historische Verantwortung des Nordens für die Klimakrise zu verankern. Konkret verlangt das Kyoto-Protokoll von

106 Dröge, Susanne, Das Pariser Klimaabkommen 2015: Weichenstellung für das Klimaregime, SWP, November 2015.

den Industriestaaten, ihre Treibhausgasemissionen zunächst im Schnitt um fünf Prozent im Vergleich zu den Werten im Jahr 1990 zu senken – aus Sicht der Klimawissenschaft schon damals eine zu geringe Reduktion, um die Erderhitzung einzubremsen. Den Entwicklungsstaaten wird keine vergleichbare Verpflichtung zur Klimapolitik auferlegt. Staaten wie China oder Indien, die zu diesem Zeitpunkt bereits schlummernde Riesen waren, bleiben außen vor. Diese einseitigen Verpflichtungen führten dazu, dass die Vereinigten Staaten unter Präsident Bill Clinton das Kyoto-Protokoll zwar unterzeichneten, es aber nie ratifizierten – und sich im Jahr 2001 unter Präsident George W. Bush vollständig daraus zurückzogen. Diese Kehrtwende in Washington hätte fast zum Scheitern des Kyoto-Protokolls geführt, da dadurch die Voraussetzungen für das Inkrafttreten nicht mehr erfüllt waren. Rückblickend ist es eine Ironie der Geschichte, dass es ausgerechnet der Beitritt des Petrostaates Russlands im Jahr 2004 unter Präsident Putin möglich machte, dass dieses Klimaübereinkommen in Kraft treten konnte.

Ein gutes Jahrzehnt später hatte die Klimakonferenz 2009 in Kopenhagen die Aufgabe, sich auf einen neuen, universell gültigen Nachfolger des Kyoto-Protokolls zu einigen. Allein, die Konferenz endete in einem historischen Desaster und markiert bis heute den Tiefpunkt der internationalen Klimapolitik. Die Auswirkungen der globalen Finanzkrise und die sich verschiebenden globalen Kräfteverhältnisse hatten ihren Anteil am Scheitern. Es war die Zeit, als der Ausdruck der »BRICS« geprägt wurde, eine lose Verbindung der damals wirtschaftlichen Aufsteiger Brasilien, Russland, Indien, China und etwas später Südafrika. Während die Industriestaaten stagnierten, hatten diese Staaten über einen längeren Zeitraum jährliche Wachstumsraten zwischen fünf und zehn Prozent. Trotz dieses Wachstums verfolgten China und Indien in Kopenhagen das Ziel einer Fortsetzung des Kyoto-Protokolls. Dabei wollten sie aber verhindern, selbst verbindliche Zugeständnisse zu machen. Als wichtiger Grund für das Kopenhagener Fiasko gilt die fehlende Einigung zwischen den Vereinigten Staaten unter Präsident Barack Obama und China. Keine der Seiten konnte sich zu Zugeständnissen durchringen. Aber auch zwischen der EU und den USA gab es unterschiedliche Positionen bezüglich der Verbindlichkeit eines neuen Abkommens. Ohne einen Konsens innerhalb des Westens erwies es sich als unmöglich, eine Einigung mit den Entwicklungsstaaten zu erzielen. Die EU präsentierte sich in Kopenhagen schwach. Die Gründe dafür waren unter anderem in der kurz zuvor erfolgten Osterweiterung und der Aufnahme klimapolitischer Bremser wie Polen zu finden. So gelang es der EU nicht, ihr Gewicht in die Waagschale zu werfen und sich einen Sitz am entscheidenden Verhandlungstisch zu sichern. Am Ende der Kopenhagener COP stand als schwacher Kompromiss das Versprechen der Industrieländer, 100 Milliarden US-Dollar pro Jahr für internationale Klimafinanzierung zu zahlen. Zudem wurde erstmals das konkrete Ziel festgelegt, den Temperaturanstieg auf weniger als zwei Grad Celsius im Vergleich zum Niveau vor der Industrialisierung zu begrenzen. Da es weder konkrete Vorgaben für die Reduktion der Emissionen noch einen Fahrplan für das weitere Vorgehen gab, blieb ungeklärt, wie dieses Ziel zu erreichen sei. Was blieb, war ein Gefühl der Ernüchterung – aber auch der Wille, die richtigen Lehren aus dem Scheitern zu ziehen.

Dies gelang ein paar Jahre später mit dem Pariser Klimaübereinkommen im Jahr 2015. Es stellt bis heute die wichtigste Einigung in der Weltklimapolitik dar. Darin wird das Ziel festgelegt, die Erderwärmung auf deutlich unter 2 Grad – möglichst 1,5 Grad – zu begrenzen und in der zweiten Hälfte des Jahrhunderts Klimaneutralität zu erreichen. Dass es gelang, das 1,5-Grad-Ziel zu verankern, hat viel der starken Zusammenarbeit zwischen den von der Klimakrise gefährdetsten Staaten (wie den Inseln im Pazifik) und der EU im Rahmen der »High Ambition Coalition« zu verdanken. Es wurde zudem ein neuer Prozess festgelegt, wonach die Staaten Klimaschutzpläne einreichen müssen, sogenannte »Nationally Determined Contributions« (NDCs), in denen sie ihre nationalen Maßnahmen für Klimaschutz vorlegen. Diese Pläne sollen in regelmäßigen Abständen aktualisiert werden, mit der Hoffnung, dass sie von Mal zu Mal ehrgeiziger ausfallen. Alle fünf Jahre muss die Staatengemeinschaft in Form einer »Globalen Bestandsaufnahme« darlegen, wo sie auf dem Weg zur Umsetzung des Pariser Übereinkommens steht.

Das Pariser Übereinkommen stellt damit einen Paradigmenwechsel dar: weg von den verbindlichen Zielen des Kyoto-Protokolls, die zunehmend in eine Sackgasse führten; hin zu einem innovativen Ansatz, bei dem es den Staaten überlassen bleibt, wozu sie sich verpflichten. Das Pariser Übereinkommen sieht zwar ein ehrgeiziges kollektives Ziel vor, es räumt aber den einzelnen Staaten die Freiheit ein, welche Maßnahmen sie treffen wollen, um das Ziel zu erreichen. Ein bescheidener Zugang, der aber mehr Spielraum lässt. Die Idee dahinter ist, dass die internationale Ebene als Anreiz für ambitionierte nationale Politik dienen soll – wie ein Spiel auf zwei Ebenen, bei dem sich die internationale und die nationale Politik verschränken. Die Achillesferse dieses Ansatzes ist nicht schwer zu finden: Ein kollektives Ziel für Emissionsreduktionen ist nicht das Gleiche wie ein individuelles Ziel. Oder anders gesagt, wenn jeder Staat dafür verantwortlich ist, die Erderhitzung einzubremsen, bedeutet das auch, dass kein Staat dafür verantwortlich ist. Nach der Pariser Konstruktion ist der Prozess zwar rechtlich verbindlich, die Substanz der Klimaschutzmaßnahmen dagegen optional.[107]

107 Sharpe, Simon, Five Times Faster. Rethinking the Science, Economics, and Diplomacy of Climate Change, Cambridge University Press, 2023.

Entspricht das Kyoto-Protokoll noch einem klassisch multilateralen Ansatz, so verfolgt das Pariser Übereinkommen – wiewohl vom damaligen UNO-Generalsekretär Ban Ki-moon als »durchschlagender Erfolg für den Multilateralismus« bezeichnet – im Grunde einen unilateralen Ansatz. An diesen grundlegenden Unterschieden lässt sich auch ablesen, wie das Pendel der internationalen Zusammenarbeit in knapp zwei Jahrzehnten in eine andere Richtung ausgeschlagen hat. Das Pariser Klimaübereinkommen verfolgt damit einen realistischen Ansatz, der dem Umstand Rechnung trägt, dass auch die geopolitische Landschaft mittlerweile stärker unilateral geprägt ist. Nicht zuletzt aufgrund der in den Verhandlungen jedem Staat zukommenden Vetomöglichkeiten wäre ein völkerrechtlich verbindlicher Vertrag im Stile des Kyoto-Protokolls schlicht nicht mehr konsensfähig gewesen.

Die entscheidende Frage ist allerdings folgende: Funktioniert der Ansatz des Pariser Übereinkommens in der Praxis? Für sich alleine genommen kann es als internationales Übereinkommen wenig ausrichten – aber es öffnet eine Tür, die zuvor verschlossen war. Die Tür ist nun seit einigen Jahren einen Spaltbreit geöffnet.[108] In diesem Zeitraum können dem Pariser Klimaübereinkommen durchaus einige Fortschritte zugeschrieben werden. Die Zahl der Länder (ebenso wie der Unternehmen), die sich das Ziel gesetzt haben, ihre Emissionen auf null zu reduzieren, ist rapide gestiegen. Dieser Trend ist ermutigend und deutet auf das Entstehen einer neuen internationalen Norm hin. Das kann als Beleg dafür gewertet werden könnte, dass Gruppendruck innerhalb der Staatengemeinschaft eine immer wichtigere Rolle spielt – ganz im Sinne der Autoren des Klimaübereinkommens. Gleichzeitig klafft nach wie vor eine Lücke zwischen

108 Keohane, Robert; Oppenheimer, Michael, Paris: Beyond the Climate Dead End through Pledge and Review?, Politics and Governance, 4 (3) 2016.

diesen langfristigen Zielen und der kurzfristigen Politik. Laut dem Synthesebericht der Vereinten Nationen, der für die erste globale Bestandsaufnahme – eine Art Inventur in Sachen Klimaschutz – auf der COP28 in Dubai erstellt worden ist, steuern wir selbst bei vollständiger Umsetzung aller vorliegender nationaler Klimaschutzpläne auf einen Zuwachs von neun Prozent der Emissionen bis 2030 zu. Um das 1,5-Grad-Ziel zu erreichen, sollten die Emissionen aber um mehr als 40 Prozent sinken. Es gibt also nicht nur eine Lücke zwischen den nach wie vor steigenden Emissionen und dem wissenschaftlich erforderlichen Minderungspfad, sondern einen richtigen Canyon. Zu ähnlichen Ergebnissen kommt die Analyse des Umweltprogramms der Vereinten Nationen (UNEP), wonach sich die Erde bei vollständiger Umsetzung aller vorbehaltlos angekündigten Pläne um etwa 2,7 Grad Celsius erhitzen würde.

Ein abschließendes Urteil erscheint trotzdem noch zu früh. Geschichte wird schließlich gemacht. Es ist nicht auszuschließen, dass dem Pariser Klimaübereinkommen ein ähnliches Schicksal wie dem Völkerbund in den dreißiger Jahren blüht: eine gute Idee, die trotzdem scheitert. Es gibt aber auch nach wie vor die Möglichkeit einer anderen, einer optimistischen Zukunft. In seinem bahnbrechenden Roman »Das Ministerium für die Zukunft« drückt der Autor Kim Stanley Robinson bezüglich des Pariser Übereinkommens Hoffnung aus: »So schwach der Anfang auch gewesen sein mag, er war vielleicht wie der Moment, in dem sich die Flut wendet: erst kaum wahrnehmbar, dann unaufhaltsam. Der größte Wendepunkt in der Geschichte der Menschheit, das, was manche als den ersten großen Funken des planetarischen Geistes bezeichnen. Die Geburt eines guten Anthropozäns.«[109]

109 Robinson, Kim Stanley, The Ministry for the Future, Orbit, 2020.

22
DER ZORN DES SÜDENS

Eine Kehrtwende in der Weltklimapolitik wird nur gelingen, wenn der historisch gewachsene Zorn des Globalen Südens adressiert wird. Die Premierministerin von Barbados, Mia Mottley, hat das Gefühl der Ungerechtigkeit in ihrer Rede auf der Weltklimakonferenz COP27 in Scharm El-Scheich 2022 auf den Punkt gebracht, indem sie den Bogen von der Sklaverei bis zu den Folgen der Erderhitzung spannt: »Wir waren es, die mit unserem Blut, unserem Schweiß und unseren Tränen für die Industrielle Revolution bezahlt haben. Sollen wir nun doppelt bestraft werden, indem wir die Folgen für die Treibhausgase aus der Industriellen Revolution tragen müssen? Das ist grundlegend ungerecht.« [110]

Zweifelsohne, die Klimakrise ist ein globales Problem. Gleichzeitig verdeckt diese Rhetorik, dass die Folgen der Klimakrise äußerst ungleich verteilt sind. Es ist eine dreifache Ungerechtigkeit: Erstens sind diejenigen am stärksten betroffen, die am wenigsten zu ihrer Entstehung beigetragen haben. Diese Bevölkerungsgruppen verfügen, zweitens, über die geringsten Ressourcen, um die Folgen der Erderhitzung zu bewältigen. Und drittens sind diejenigen, die die größte Verantwortung tragen und am meisten zu einer Lösung

110 Greenfield, Patrick et al, Barbados PM launches blistering attack on rich nations at Cop27 climate talks, The Guardian, 8.11.2022, https://www.theguardian.com/environment/2022/nov/07/barbados-pm-mia-mottley-launches-blistering-attack-on-rich-nations-at-cop27-climate-talks.

beitragen können, weniger stark von den Auswirkungen bedroht.[111]

Denn die treibende Kraft der Klimakrise ist nicht die Menschheit an sich, sondern es sind jene, die weltweit über nationale Grenzen hinweg von einer beträchtlichen wirtschaftlichen Entwicklung profitiert haben. Die Daten des »Climate Inequality Report 2023« führen das sehr drastisch vor Augen. Die Hälfte der globalen CO_2-Emissionen – die noch für Jahrzehnte in der Atmosphäre bleiben werden – entfällt auf die reichsten zehn Prozent der Weltbevölkerung. 17 Prozent aller Emissionen werden gar vom obersten Prozent verursacht, das wiederum für mehr Emissionen sorgt als die ärmsten 50 Prozent der Weltbevölkerung. Das heißt, die 80 Millionen reichsten Menschen verursachen eine ähnlich große Menge CO_2 wie vier Milliarden andere Menschen zusammen. Auf den Einzelnen umgerechnet entspricht der CO_2-Abdruck pro Kopf eines durchschnittlichen US-Amerikaners dem von insgesamt 75 Einwohnern von Mali.[112] Dies stellt eine massive Schieflage dar.

Aktuelle Klimamodelle zeigen, dass die negativen Auswirkungen der Klimakrise dort am stärksten sind, wo Armut, Unterentwicklung und Staatsversagen vorherrschen. Extreme Bedingungen betreffen speziell die Bevölkerungen in Südasien und in Afrika südlich der Sahara, die stärker von steigenden Temperaturen und Dürren beeinträchtigt sind. Armut und Anfälligkeit für Klimarisiken treten oft gemeinsam auf und verstärken sich gegenseitig. Bereits jetzt sind knapp 800 Millionen Menschen in Entwicklungsländern dem kombinierten Risiko von Armut und schweren Überschwemmungen aus-

111 Tooze, Adam, The triple inequality of the »global« climate problem, Chartbook 219, 10.6.2023.

112 Chancel, Lucas et al., Climate Inequality Report 2023: Unequal Contributions to Climate Change, UNDP, 2023.

gesetzt. Die aktuellen Forschungsergebnisse belegen, dass die Ungleichheit nicht nur die Klimakrise verschlimmert, sondern die Klimakrise selbst die Ungleichheit fördert. Viele Länder des Globalen Südens sind jetzt schon deutlich ärmer, als sie es ohne die Klimakrise wären. Diese Tendenz wird sich fortsetzen und bis zum Ende des Jahrhunderts Einkommensverluste von mehr als 80 Prozent für viele tropische und subtropische Länder zur Folge haben – und doch bedeutet ihre Armut, dass sie praktisch machtlos sind, sich selbst zu schützen. Laut dem aktuellen Sachstandsbericht des Weltklimarats ist der Lebensraum von rund 3,6 Milliarden Menschen weltweit bedroht. Das ist fast die Hälfte der Weltbevölkerung. Es sind Zahlen wie diese, die bei der Lektüre Schwindelgefühle hervorrufen.

Aber nicht nur zwischen den Staaten, sondern auch innerhalb einzelner Länder erleiden arme Menschen stärkere Verluste als wohlhabendere Bevölkerungsgruppen. Die Verteilung der Emissionen seit den neunziger Jahren folgt damit den globalen Ungleichheitstrends. Demnach spielt die Ungleichheit innerhalb einzelner Länder eine wesentlich größere Rolle als früher, da in vielen Teilen des Globalen Südens lokale Eliten mit sehr hohen Pro-Kopf-Emissionen entstanden sind. Der Ungleichheitsforscher Branko Milanović, ein ehemaliger Weltbank-Ökonom, hat die Auswirkungen der Globalisierung auf die Einkommensverteilung in der berühmt gewordenen »Elefantenkurve« illustriert. Ganz hinten beim Schwanz des Elefanten befindet sich der ärmste, abgehängte Teil der Weltbevölkerung. Die höchsten Einkommenszuwächse, von denen vor allem die chinesische Mittelschicht profitiert hat, zeigen sich dort, wo sich der Rücken des Elefanten befindet. Die geringsten Einkommenszuwächse verzeichnen die Mittelschichten in Europa und den USA, es ist dort, wo in der Elefantengrafik der Rüssel nach unten geht. Der steil nach oben zeigende Rüssel wiederum veranschaulicht die starke Zunahme des Reichtums der Reichsten. Diese »Elefantenkurve« lässt sich klimapolitisch auch sehr gut auf den CO_2-Ausstoß umlegen. Damit erklären sich vor allem die rasant zunehmenden Emissionen der aufsteigenden Mittelschicht vor allem in Asien, deren Angehörige in die Städte ziehen, in klimatisierten Wohnungen leben, sich erstmals ein Auto kaufen und ganz generell versuchen, einen westlichen, konsumorientierten Lebensstil nachzuahmen.

So lassen sich auch die Ergebnisse einer Studie erklären, die im Fachmagazin »Nature« veröffentlicht wurde, wonach die Schwellen- und Entwicklungsländer durch ihre Treibhausgasemissionen inzwischen mehr zum Temperaturanstieg beigetragen haben als die Industriestaaten. In dieser Studie, die den Zeitraum zwischen 1851 und 2021 untersucht, werden neben CO_2-Emissionen aus fossiler Verbrennung auch solche aus Landnutzung und Waldzerstörung miteinberechnet, die sonst oft unberücksichtigt bleiben. Diese Berechnung erfolgt aber ausschließlich gemäß dem Produktionsprinzip, wonach viele »schmutzige« Güter nicht mehr im Westen produziert, sondern dort nur mehr eingeführt werden. Aus Sicht vieler Klimaökonomen ist eine solche Herangehensweise allerdings nicht fair. Dem »Konsumprinzip« folgend, wonach auch der Konsum »schmutziger« Güter miteinbezogen wird, würden viele europäische Staaten im Ranking zu viel größeren Klimasündern werden.[113]

Es ist davon auszugehen, dass diese Trends zu einer Polarisierung der wirtschaftlichen Entwicklung führen: Auf der einen Seite steht eine große Gruppe von Staaten im Süden, allen voran in Afrika, deren wirtschaftliche Aussichten sich durch die Klimakrise deutlich eintrüben werden und die Gefahr laufen,

113 Pichler, Gudrun, Eine Frage des Prinzips, UNIZEIT, 1/2016.

dass ihre Bodenschätze wie schon zur Zeit des Kolonialismus ausgebeutet werden. Auf der anderen Seite steht eine kleinere Gruppe wohlhabender Länder – dazu gehört neben den klassischen Industrieländern vor allem China –, die vom Boom grüner Technologien wirtschaftlich profitieren und die über mehr Mittel verfügen, sich an die neuen klimatischen Bedingungen anzupassen.[114] Eine solche Entwicklung lässt sich schon an der Tatsache ablesen, dass die Patente im Bereich alternativer Energieformen im Wesentlichen in der OECD-Welt und in China konzentriert sind. Kurzum, Innovation findet nicht im Süden, sondern im Norden statt.

Das alles zeigt, wie der wirtschaftliche Aufstieg vieler Schwellenländer speziell in Asien nicht nur die Diskussion von Gerechtigkeitsfragen im Nord-Süd-Verhältnis noch komplexer macht, als sie ohnehin bereits ist. Dieser CO_2-getriebene Aufschwung trägt auch dazu bei, dass systematisch die Bedingungen für das Überleben von Milliarden von Menschen in der Klimarisikozone erschwert werden. Diese besonders verwundbaren Bevölkerungsgruppen sind dabei, Opfer der klimatischen Auswirkungen eines anderswo stattfindenden Wirtschaftswachstums zu werden.

Was ist nun die Antwort auf diese zunehmende Ungleichheit? Wie lassen sich angesichts des geringen CO_2-Budgets die verbleibenden Emissionsrechte gerecht verteilen? Es steht außer Streit, dass es unter dem Druck der eskalierenden Klimakrise die Aufgabe der Industrieländer ist, die Entwicklungsländer im wohlverstandenen Eigeninteresse zu unterstützen. Denn der Anspruch auf Entwicklung ist nicht verhandelbar. Alle Länder haben ein Recht, der Armutsfalle zu entkommen. Klar ist aber auch, dass viele Länder des Globalen Südens einen anderen

114 Zehetner, Thomas, Neben uns die Sintflut, Kontrast.at, 22.9.2023.

Entwicklungspfad einschlagen müssen, als es die reichen Länder des Nordens vor ihnen getan haben. Dieser alte Weg ist im Zeitalter des Anthropozäns versperrt. Ihre wirtschaftliche Entwicklung wird nachhaltig sein müssen und sie wird ungleich weniger auf fossilen Brennstoffen beruhen können.

Angesichts der Tatsache, dass mehr als 600 Millionen Menschen nach wie vor keinen Zugang zu Strom haben – eine wesentliche Forderung der nachhaltigen Entwicklungsziele (SDG 7) –, sind Konflikte zwischen den Industrie- und den Entwicklungsländern vorprogrammiert. Dies betrifft sowohl die Nutzung fossiler Energiequellen als auch deren Erschließung. Schließlich geht es dabei um die Frage, warum gerade die Entwicklungsländer in einer Welt, die ein immer geringeres Kohlenstoffbudget für die Nutzung fossiler Brennstoffe zur Verfügung hat, auf ihr Stück des kleiner werdenden Kuchens verzichten sollen.

Traditionelle Gerechtigkeitsdiskurse vermengen sich hier nicht nur mit klimapolitischen Fragen, sondern auch mit postkolonialen Zugängen. Aus europäischer Sicht fällt es nur allzu leicht, den Zorn des Globalen Südens zu unterschätzen. Der indische Schriftsteller und Philosoph Pankaj Mishra weist in seinem Buch »Das Zeitalter des Zorns« eloquent darauf hin, dass mit dem Klimawandel neben den beschriebenen physischen Risiken von Armut und Extremwetterereignissen auch ein »gewaltiger Zuwachs an gegenseitigem Hass und ein gewissermaßen universales Sich-gegenseitig-auf-die-Nerven-Fallen, also Ressentiment« einhergeht. »Ein existentielles Ressentiment hinsichtlich des Seins anderer Menschen, ausgelöst durch ein intensives Gemisch aus Neid und dem Gefühl der Erniedrigung und der Ohnmacht«[115] – mit dem Westen als Adressat dieses Ressenti-

115 Mishra, Pankaj, Das Zeitalter des Zorns, S. Fischer, 2017.

ments. Neben dem zerrütteten Verhältnis von Mensch und Natur mit allen seinen Folgen scheint dies die zweite große Triebkraft des 21. Jahrhunderts zu werden: die »payback time gegen den Westen«.[116] Dieser antiwestliche Impuls war gut an der – vorsichtig formuliert – zurückhaltenden Haltung des Globalen Südens gegenüber einer scharfen Verurteilung des russischen Angriffskriegs in der Ukraine zu sehen. Er gilt dort als »europäischer Krieg«, die Position des Westens ist in der Sichtweise des Südens durch Doppelmoral geprägt. Der gleiche Impuls zeigt sich an der Haltung gegenüber Israel, das als Außenposten des Globalen Nordens wahrgenommen wird. Die meisten Staaten des Globalen Südens versammeln sich daher auf der Seite der Palästinenser und interpretieren diesen Konflikt unter anderem als Teil des Nord-Süd-Konflikts um Entwicklungschancen und historische Verantwortung.

Trotz aller Bekenntnisse zu »gleichberechtigten Partnerschaften« insbesondere mit den afrikanischen Ländern steckt die konkrete Politik der EU nach wie vor oft in eurozentrischen Denkmustern fest. Bei Gesprächen der EU mit den Staaten des Globalen Südens geht es in aller Regel darum, die Migration nach Europa zu beenden, die Korruption einzudämmen und belehrende Vorträge über die Bedeutung der Menschenrechte zu halten. Im Gegenzug bleibt wenig Zeit, den Forderungen des Südens nach einer Reform der internationalen Organisationen, einer schnelleren Umsetzung der Ziele für nachhaltige Entwicklung (SDGs) oder einer Ausmerzung weltweiter Ungleichheit Gehör zu schenken. Selbst der deutsche Bundeskanzler Olaf Scholz räumte in Hinblick auf die »ungleiche Anwendung« internationaler Regeln ein: »Wenn die Länder den Eindruck haben, dass wir nur auf sie zugehen, weil wir an

116 Ulrich, Bernd, Wucht, Die Zeit, 52/2023, 9.12.2023.

Rohstoffen interessiert sind oder weil wir ihre Unterstützung für eine UN-Resolution wollen, darf es uns nicht überraschen, dass ihre Bereitschaft zur Zusammenarbeit bestenfalls begrenzt ist.«[117]

Selbstkritik und das Erkennen von Doppelmoral sind wichtig. Aber Europa wird noch mehr tun müssen, um die Beziehungen zu einem zunehmend selbstbewussten und einflussreichen Globalen Süden zu verbessern.[118] Gerade angesichts der Konkurrenz mit China und den USA um Rohstoffe kann ein wertebasierter Zugang gleichzeitig ein attraktives Geschäft für den Globalen Süden darstellen. Anstatt sein Heil in ausbeuterischen Deals zu suchen, kann sich Europa darin abheben, dass es neben dem Import von unverarbeiteten Rohstoffen auch mehr und mehr verarbeitete Erze sowie Produkte, in denen mehr Know-how steckt, einführt und so die Wertschöpfung vor Ort fördert. Darüber hinaus braucht es die Zusammenarbeit auf zwischenstaatlicher Ebene, am besten unter dem Dach der Vereinten Nationen. Angesichts des gewachsenen Misstrauens lassen sich dort am besten das Vertrauensdefizit zwischen Nord und Süd adressieren und die verminten Fragen der Klimagerechtigkeit formulieren.

117 Islam, Shada, Das Ende der Doppelmoral, Internationale Politik, 26.6. 2023.
118 Ebenda.

23
EINE FRAGE DER GERECHTIGKEIT

Die jedes Jahr stattfindenden Weltklimakonferenzen (COPs) ähneln in ihrer Komplexität einem 3-D-Schachspiel unter Wasser. Auf diesen Konferenzen gibt es zahlreiche, zumeist extrem technische Verhandlungsstränge, die oft über mehrere Jahre fortlaufen und die zusammen ein wildes Knäuel bilden. Unter Ausschluss der Öffentlichkeit wird in der Regel nächtelang um Details gerungen. Ab Beginn der zweiten Verhandlungswochen laufen bereits zahlreiche Wetten unter den bis zu 100.000 Konferenzteilnehmern, wie lange die COP diesmal verlängert werden müsse, um die verschiedenen Verhandlungsstränge zusammenzuführen und zu einem halbwegs herzeigbaren Ergebnis zu gelangen. Bereits die Frage, ob es ein Thema überhaupt auf die COP-Agenda schafft, ist hochpolitisch und Gegenstand diplomatischer Tauschgeschäfte zwischen den einzelnen regionalen Blöcken. Ein unbedarfter Beobachter dieses unübersichtlichen Geschehens würde den Eindruck bekommen, es gäbe zwei verschiedene Planeten: auf der einen Seite den COP-Planeten, bei dem es um Arbeitsgruppen, um Tagesordnungen und um Komitees geht, ganz so, als ließe sich die zentrale Herausforderung unserer Zeit durch einen möglichst komplexen diplomatischen Prozess zähmen; auf der anderen Seite noch einen zweiten, realen Planeten, der tatsächlich von der Erderhitzung bedroht ist, dem im Zweifelsfall aber eine geringere Bedeutung zukommt. Anders gesagt, während es auf den COPs idealerweise darum gehen sollte, die politischen

Weichen für wirksamen globalen Klimaschutz zu stellen, bestehen sie in der Praxis über weite Strecken darin, zuwiderlaufende geopolitische Interessen in einen multilateralen Prozess zu gießen.

Aufgrund genau dieser Dynamik geriet das Thema »Loss and Damage« (»Verluste und Schäden«) jahrzehntelang unter die Räder. Unter »Verluste und Schäden« versteht man jene Auswirkungen der Klimakrise in besonders verwundbaren Ländern, die sich nicht mehr durch Klimaschutz oder durch Maßnahmen der Anpassung vermeiden lassen. Es gibt zwar keine allgemein akzeptierte Definition, aber dazu zählen unter anderem extreme Wetterereignisse wie Hurrikane und Überschwemmungen oder der Anstieg des Meeresspiegels.[119] Im Zuge der Verhandlungen zur Klimarahmenkonvention der Vereinten Nationen wurde das Thema bereits 1991 vom pazifischen Inselstaat Vanuatu im Namen der »Allianz der Kleinen Inselstaaten« (AOSIS) vorgeschlagen. Diese besonders bedrohten Inseln forderten im Sinne der Klimagerechtigkeit die Einrichtung einer Klimaversicherung, mit der die Opfer des Anstiegs des Meeresspiegels entschädigt werden sollten.

Doch die jahrelange Verzögerungstaktik der Industriestaaten verhinderte echte Fortschritte. Nach drei Jahrzehnten des zähen Ringens zwischen Nord und Süd beschränkten sich die »Erfolge« darauf, Aktionspläne zu verabschieden und Arbeitsgruppen einzusetzen, bezüglich konkreter Zahlungen herrschte Stillstand. Erst auf der COP27 im Jahr 2022 in Scharm El-Scheich gelang schließlich der Durchbruch. Nur einige Monate vor der Klimakonferenz kam es in Pakistan infolge eines außergewöhnlich starken Monsunregens zu verheerenden

119 Bundesministerium für Klimaschutz, Umwelt, Energie, Mobilität, Innovation und Technologie, BMK stellt 10 Millionen Euro für Loss-and-Damage-Fonds bereit, 22.2.2024.

Überschwemmungen. Ein Drittel des Landes stand unter Wasser, 1700 Menschen starben und mehr als 30 Millionen Menschen waren auf humanitäre Hilfe angewiesen. Die Schadenssumme wurde von der Regierung Pakistans auf 30 Milliarden US-Dollar geschätzt. Erst dieser »Monsun auf Steroiden« – so UN-Generalsekretär Guterres – brachte das politische Momentum für die Schaffung des lang geforderten »Fonds für Verluste und Schäden«.

Die USA hatten die Schaffung eines solchen Fonds aus Furcht vor den rechtlichen Konsequenzen bis dahin kategorisch abgelehnt. Aufgrund der historisch enorm hohen Emissionen wollten die USA verhindern, ein Schlupfloch für drohende Entschädigungszahlungen zu öffnen. Die Position Chinas war einmal mehr ambivalent. Auf der einen Seite gefällt sich China auf den Klimakonferenzen in der Rolle der Schutzmacht der Entwicklungsländer und unterstützte prinzipiell den Fonds. Auf der anderen Seite pochte China dabei auf seine nach UN-Kriterien gewährte Stellung als Entwicklungsland und beharrte darauf, trotz seines Status als größter CO_2-Emittent der Welt selbst nicht einzahlen zu müssen. Die EU, die sich selbst gern als »weißer Ritter« in den Klimaverhandlungen sieht, zeigte sich im Vorfeld der COP27 noch skeptisch gegenüber dem Fonds und unterschätzte dabei einmal mehr, wie viel Ressentiment diese Haltung bei den betroffenen Staaten auslöst. Erst im Laufe der Konferenz änderte die EU ihre Position um 180 Grad. Die plötzliche Zustimmung zum Fonds war vonseiten der EU eigentlich als Angebot für Zugeständnisse im Bereich der Emissionsminderung gedacht (die die EU am Ende nicht erhielt).[120] Trotzdem erwies sich das Zugehen der EU auf die Entwicklungsländer als entscheidender Schritt für die

120 Feist, Marian; Geden, Oliver, Klimaverhandlungen im Zeichen multipler Krisen, SWP-Aktuell 8, Januar 2023.

Schaffung des Fonds. Die Art und Weise, wie diese Einigung entstand, zeigt aber, »dass die Klimapolitik nun endgültig ihren Ruf als ›softes‹ und randständiges Thema hinter sich gelassen hat. Es geht um harte Machtpolitik und das Abzirkeln geopolitischer Sphären und Interessen.«[121]

Die genaue Ausgestaltung des Fonds erfolgte mit einem Paukenschlag gleich zu Beginn der ein Jahr später stattfindenden COP28 in Dubai. Eine solche Einigung am ersten Tag einer zweiwöchigen COP ist ungewöhnlich, da die Konferenzen normalerweise der Formel »nothing's agreed until everything's agreed« folgen – sprich, alles wird mit allem junktimiert und es wird bis zur letzten Minute um ein Gesamtpaket gerungen. In Dubai wurde festgelegt, dass alle Entwicklungsländer Zugang zum Fonds haben sollen, dabei ist allerdings ein Mindestbeitrag für die am wenigsten entwickelten Staaten und die kleinen Inselstaaten reserviert. Unterstützung wird – so der Kompromiss – lediglich auf freiwilliger Basis geleistet. Die Gastgeber der COP28, die Vereinigten Arabischen Emirate, konnten außenpolitisch punkten, indem sie als erstes Land in den neu geschaffenen Topf einzahlten – und das trotz ihres Status als Entwicklungsland. Um den Fonds mit Leben zu füllen, wurden im Laufe der COP28 insgesamt 700 Millionen US-Dollar an Finanzversprechen abgegeben.

Wie ist diese Einigung im Sinne der Klimagerechtigkeit einzuordnen? Dem Fonds für Verluste und Schäden kommt zweifelsohne große Symbolwirkung zu. Mit der Erfüllung dieser langjährigen Forderung kann das bestehende Vertrauensdefizit zwischen Nord und Süd verkleinert werden. Es zeigt auch, dass die globalen Klimakonferenzen nach wie vor der beste Ort sind, um den tödlichen Zusammenhang zwischen

121 Schwägerl, Christian, Auf geradem Weg in die Klimahölle?, Reuters, 2.1.2023.

Öl-, Gas- und Kohleförderung, dem Konsum der wohlhabenden Bevölkerungsschichten und den tödlichen Risiken für die Menschen in den besonders gefährdeten Ländern in politischer Form zu artikulieren. Das verleiht den COPs Bedeutung über die betroffenen Beschlüsse hinaus. Gleichzeitig dürfen die Größenordnungen nicht aus den Augen verloren werden. Im Jahr 2022 betrugen die Schäden allein in den Entwicklungsländern über 100 Milliarden US-Dollar – ein Vielfaches dessen, was auf absehbare Zeit mit dem Fonds an Hilfsgeldern zugesagt werden wird. Das zeigt, dass die Lösung dieses riesigen Problems nicht auf einen neuen Finanztopf reduziert werden kann. Die Herausforderungen, die in den nächsten Jahren und Jahrzehnten auf uns zukommen, sind schlicht zu groß.

Ähnlich stellt sich das Problem bei der Klimafinanzierung insgesamt dar. Das in Kopenhagen von den Industriestaaten abgegebene Versprechen, ab 2020 jedes Jahr 100 Milliarden für den Klimaschutz im Süden zur Verfügung zu stellen, wurde bislang nicht eingehalten. Dabei sind gerade die nächsten Jahre kritisch, um die Klimakrise einzudämmen. Es wäre grob fahrlässig, wenn der Globale Norden noch mehr Zeit verstreichen ließe, um seinen versprochenen Anteil zu leisten. Es wäre auch ein strategisches Versäumnis. Gerade die EU muss das Thema der Klimafinanzierung stärker aus einer geopolitischen Perspektive betrachten: und zwar als notwendigen Schritt, um dem wachsenden chinesischen und russischen Einfluss im Globalen Süden entgegenzutreten.

Eine realistische Sichtweise macht jedoch deutlich, dass es die Ressourcen der Industriestaaten schlicht übersteigt, alleine für Klimagerechtigkeit zu sorgen. Daneben braucht es auch die Umschichtung privater Investitionen aus klimaschädlichen Anlagen hin zu emissionsfreien Alternativen. Die Finanzierungsströme in Entwicklungsländer sind notorisch unzureichend. Kapitalmärkte bevorzugen tendenziell wohlhabende Länder und verlangen von einkommensschwächeren Kreditnehmern eine schmerzhafte Marge. Das macht die Errichtung von PV-Anlagen in Afrika dreimal so teuer wie in Europa. Die Folge der mangelnden finanziellen und technologischen Unterstützung ist eine nach wie vor sehr flache Wachstumskurve von erneuerbaren Energien. Dieses Versäumnis wiegt umso schwerer, da laut Internationaler Energieagentur 60 Prozent der weltweit besten Gebiete für die Gewinnung von Solarenergie auf dem afrikanischen Kontinent liegen, sich dort in der Realität aber nur ein Prozent der tatsächlich installierten Kapazitäten befindet. Damit wird in ganz Afrika weniger Sonnenstrom hergestellt als im verregneten Belgien – ein Fanal dafür, dass die Energiewende alles andere als global ist.

Im Sinne von mehr Klimagerechtigkeit sollte allerdings nicht nur die beliebte Frage »Wer soll das bezahlen? Wer hat so viel Geld?« gestellt werden. Auch die Frage »Wer befeuert mit seinem Geld die Klimakrise nach wie vor?« verdient mehr medialen Raum. Laut einem Bericht der NGO Global Witness haben die fünf größten westlichen Öl- und Gaskonzerne – Shell, BP, Chevron, ExxonMobil und TotalEnergies – seit dem Einmarsch Russlands in die Ukraine Gewinne in Höhe von 261 Milliarden Euro erzielt.[122] 2022 war gar das profitabelste Jahr in ihrer Geschichte. Diese exorbitanten Gewinne sind zum Teil auf die hohen Energiepreise zurückzuführen, sie sind aber auch eine Folge der hohen Subventionen durch die Regierungen. Diese Subventionen für den Verbrauch fossiler Brennstoffe beliefen sich im Jahr 2022 zum ersten Mal auf mehr als eine Billion US-Dollar, eine gigantische Summe, die den Bemühungen für mehr Klimaschutz diametral entgegen-

122 Canas, Nathan, Seit Ukraine-Krieg: Öl- und Gaskonzerne erzielen Rekordgewinne, Euractiv, 20.2.2024.

steht. Angesichts der Dringlichkeit der Klimakrise könnten die Öl-Multis ihre Gewinne nutzen, um Teil der Lösung zu werden. Schließlich könnte allein mit den geplanten Investitionen in neue Öl- und Gasvorkommen bis 2030 der Ausbau der Wind- und Solarenergie, der notwendig ist, um die globale Erwärmung auf 1,5 Grad zu begrenzen, vollständig finanziert werden. Aber auch die Einführung einer weltweiten Steuer auf die fossilen Gewinne würde Abhilfe schaffen, wo die Klimakrise unwiederbringlich Zerstörung angerichtet hat.

Klimagerechtigkeit ist ein weites Feld. Die Diskussion krankt daran, dass wir mit einem globalen Problem konfrontiert sind, während wir in erster Linie nationalstaatlich denken. Gerade deswegen sind die Weltklimakonferenzen ein gutes Forum, um diese Fragen in den Fokus der Weltöffentlichkeit zu bringen und nach Lösungen zu suchen, die von der gesamten internationalen Gemeinschaft mitgetragen werden. Gleichzeitig macht es der stärker werdende geopolitische Wettstreit der letzten Jahre notwendig, auch neue Wege zu gehen. Wege entstehen bekanntlich erst im Gehen – nichtsdestotrotz werde ich mich im nächsten Kapitel der Frage nähern, wie dieses Verhältnis aus Miteinander und Gegeneinander aussehen könnte.

24
KLIMASCHUTZ ZWISCHEN MULTILATERALISMUS UND GEOPOLITIK

Auf der Weltklimakonferenz COP28 in Dubai wurden die Widersprüche der aktuellen Klima- und Energiepolitik offengelegt. Die COP28 fand im Dezember 2023 am Ende des bis dahin heißesten Jahres der Messgeschichte statt – diese Tatsache wäre für sich genommen schon Auftrag genug gewesen, die gesamte Konferenz unter den neuen klima-kategorischen Imperativ »Handle nur nach derjenigen Maxime, durch die die Erderhitzung möglichst eingebremst werden kann!« zu stellen. Dem Erhalt des Planeten alles unterzuordnen, stand allerdings schon der Umstand entgegen, dass die Vereinigten Arabischen Emirate als Gastgeberland den eigenen Wohlstand ihren fossilen Bodenschätzen zu verdanken haben. Nicht umsonst zählen die Emirate zu den führenden Öl- und Gasproduzenten der Welt. Zum Präsidenten der COP28 wurde zudem Sultan Al Jaber bestellt, der zugleich Chef der Abu Dhabi National Oil Company ist, einer der größten Ölfirmen der Welt, die nach wie vor Milliardensummen in die Gewinnung von Öl und Gas investiert. Seine Bestellung zum Präsidenten einer Weltklimakonferenz wurde von der Zivilgesellschaft im Vorfeld als klassischer Fall einer Unvereinbarkeit scharf kritisiert. Es sei, »als ob man den Marlboro-Mann mit der Durchsetzung eines Rauchverbots beauftragen würde«, hieß nur einer der zahlreichen Vorwürfe gegenüber Al Jaber.

So passte es ins widersprüchliche Bild, dass die zahlreichen

Teilnehmer auf ihrem Weg zum COP-Konferenzgelände mit einer modernen, fahrerlosen U-Bahn unterwegs waren, von der aus sie jeden Morgen ein riesiges grelles Feuer beobachten konnten. Dieses Feuer entstand durch das Abfackeln von Gas, einem Abfallprodukt beim Fördern von Öl. Das Feuer loderte wie eine olympische Fackel vor sich hin, wie um zu sagen, dass es niemals ausgehen würde, egal, was auf der Klimakonferenz herauskommen werde – ein Fanal des Status quo. Gerade der Austragungsort Dubai machte damit die unterschiedlichen Handlungslogiken in der aktuellen Klima- und Energiepolitik sehr gut sichtbar. Auf der einen Seite die Logik der traditionellen Machtpolitik, die darauf bedacht ist, die fossilen Ressourcen so lange wie möglich auszubeuten und sich dabei so wenig wie möglich dreinreden zu lassen. Auf der anderen Seite die durch die eskalierende Klimakrise erzwungene planetare Verantwortung, vertreten durch eine stärker werdende Allianz aus pazifischen Inseln, progressiven Ländern aus Europa, Lateinamerika und Afrika, einer weltweit vernetzten Zivilgesellschaft sowie einer zunehmend sensibilisierten medialen Öffentlichkeit.

Am Ende dieses zwei Wochen dauernden Ringens stand schließlich der für viele Beobachter überraschende, im Schlussdokument verankerte Beschluss einer »Abkehr von fossiler Energie«. Dieses Ergebnis lässt sich in seiner Tragweite erst richtig einordnen, wenn man weiß, dass Kohle, Öl und Gas erst auf der Klimakonferenz in Glasgow im Jahr 2021 ins Zentrum der Diskussion rückten. Bis dahin waren fossile Energieträger – immerhin für rund 75 Prozent der weltweiten Emissionen verantwortlich – der sprichwörtliche »Elefant im Raum«.[123] Mit der in Dubai beschlossenen »Abkehr« gelang es,

123 Zehetner, Thomas, Ein globaler Stresstest für die Klimapolitik, Kurier, 2.12.2023.

das globale Ziele in einem von fast 200 Staaten mitgetragenen Dokument klar zu benennen: eine Zukunft ohne fossile Brennstoffe. Ohne Zweifel stärkt dieses Ergebnis jene Kräfte, die weg von Fossilen wollen. Zudem soll damit Finanzinvestoren klargemacht werden, dass den in Fossile gesteckten Geldern Risiken drohen. Wie nicht anders zu erwarten, handelt es sich bei dem Beschluss um einen Kompromiss zwischen höchst unterschiedlichen Interessen. So wurde den OPEC-Staaten nicht vorgeschrieben, wie lange sie noch Öl verkaufen dürfen oder ab wann sie auf Erneuerbare umsteigen müssen. Der Beschluss zeichnet sich damit durch eine gewisse »strategische Ambiguität« aus. Darunter versteht man, dass Ziele so offen formuliert sind, dass verschiedene Länder sie unterschiedlich deuten können. Es zeigt auch, dass das multilaterale System der Vereinten Nationen – trotz unverkennbarer Ermüdungserscheinungen – noch in der Lage ist, zu Ergebnissen zu gelangen.

Im Abschlussdokument wird auch die Bedeutung einer »gerechten und geordneten« Energiewende betont. Angesichts der in diesem Buch ausführlich beschriebenen geopolitischen Risiken der Energiewende ist dies ein ganz wesentlicher Punkt, aber es ist leichter gesagt als getan. Obwohl sich mittlerweile Zehntausende Teilnehmer auf den Klimakonferenzen tummeln, ist die Anzahl jener, die sich mit diesen geopolitischen Risiken beschäftigen, überschaubar. Die Geopolitik der Klimakrise bekommt nach wie vor nicht den Raum, der diesem Thema zusteht.[124] Ein Grund dafür mag die mangelnde Expertise vieler Klimaexperten im Bereich der internationalen Beziehungen sein sowie umgekehrt das oft nur oberflächliche Wissen vieler Diplomaten beim Thema Klimaschutz. Diese Scheuklappen-Haltung war besonders gut am Besuch des russi-

124 Bordoff, Jason; O'Sullivan, Meghan L., Geopolitics – Not Just Summits – Will Shape the Transition to Clean Energy, Foreign Affairs, 18.1.2024.

schen Präsidenten Putin bemerkbar, der während der Weltklimakonferenz im nur wenige Kilometer entfernten Abu Dhabi zu Gast war. Putin wurde in Abu Dhabi der rote Teppich für den Abschluss neuer Öl-Deals ausgerollt, während vielen Teilnehmern der COP28 sein energiepolitisch signifikanter Besuch völlig entging. Dies ist ein Musterbeispiel für modernes Silodenken, bei dem sich alle Beteiligten nur auf das eigene Tun konzentrieren, ganz so, als ginge sie alles andere nichts an.

Die mangelnde Beschäftigung mit den geopolitischen Auswirkungen ist umso bedenklicher, da wir heute in einer anderen Welt leben als zum Zeitpunkt des Abschlusses des Pariser Klimaübereinkommens im Jahr 2015. Die vorherrschende Dynamik ist nicht mehr durch Zusammenarbeit, sondern durch Konkurrenz bestimmt. Das betrifft vor allem das Verhältnis zwischen den USA und China. Es kam einem Kraftakt gleich – der sich bis zu einem gewissen Grad auf die persönliche Freundschaft zwischen dem US-Klimabeauftragten John Kerry und seinem chinesischen Counterpart Xi Zhenhua zurückführen lässt –, dass kurz vor der COP28 die beiden Großmächte vereinbarten, die Methanemissionen zu reduzieren und die Kapazitäten für erneuerbare Energien zu verdreifachen. Obwohl sich die USA und China während der Klimakonferenz merklich zurückhielten, war diese im Vorfeld erzielte Einigung der Grundstein für den Erfolg in Dubai.

Ohne eine Gesprächsbasis zwischen den USA und China werden Fortschritte auf den zukünftigen Weltklimakonferenzen nur schwer möglich sein. Auch wenn es viele Klimaexperten nicht auf dem Radar haben, könnte bei einem Konflikt zwischen diesen beiden Staaten die globale Klimapolitik völlig entgleisen. Die beliebte Hypothese, wonach Klimapolitik aus diesem Machtkampf herausgehalten werden könne und gleichsam »eine Insel der Zusammenarbeit in einem ansonsten feindlichen Meer« bilden sollte, wird dann nicht mehr aufrechtzuerhalten sein.[125] Es wäre daher fahrlässig, in dieser Ära des globalen Wettbewerbs auf die Weltklimakonferenzen als einziges taugliches Forum zu setzen. Stattdessen ist es strategisch geboten, darüber nachzudenken, wie sich die herrschende Dynamik des Wettbewerbs für die Klimapolitik besser einspannen lässt.

Wie Charles Sabel und David G. Victor in ihrem Buch »Fixing the Climate: Strategies for an Uncertain World« betonen, wirkt es eher hemmend, wenn Klimalösungen von Beginn an allumfassend und global konzipiert sein müssen. Ähnlich wie beim erfolgreichen Montrealer Protokoll zur Wiederherstellung der Ozonschicht ist es vielversprechender, sich auf ein überschaubares Problem – in dem Fall war es der Ausstieg aus FCKW – zu konzentrieren und danach zu versuchen, diese Teilerfolge auf verschiedenen Ebenen zusammenzufügen. Als Ergänzung zum unflexiblen UN-Prozess wird eine Lanze für »experimentelles Regieren« gebrochen. Die beiden Autoren plädieren dafür, neue Institutionen und Formate für das »Lernen in Ungewissheit« zu schaffen und von vornherein die Wahrscheinlichkeit von Fehlstarts einzuplanen.[126]

Tatsächlich ist in den letzten Jahren eine Vielzahl neuer Klimaschutzinitiativen entstanden, um zu schnelleren Ergebnissen zu gelangen.[127] Diese grünen »Koalitionen der Willigen« gibt es mittlerweile auf vielen verschieden Ebenen. Sie reichen von zwischenstaatlichen Projekten wie der »Breakthrough Agenda«, die nachhaltige Lösungen in den fünf Schlüsselsektoren Ener-

125 O'Sullivan, Meghan L., Climate Action in an Era of Great Power Competition, Financial Times, 18.7.2023.

126 Sabel, Charles; Victor, David G., Fixing the Climate: Strategies for an Uncertain World, Princeton University Press, 2022.

127 Unger, Charlotte, Zeit für einen Klimaclub, Internationale Politik, 4.11.2022.

gie, Straßenverkehr, Stahl, Wasserstoff und Landwirtschaft forcieren will, bis hin zur »Koalition für Klima und saubere Luft«. Dazu gehören aber auch der »Globale Konvent der Bürgermeister für Klima und Energie« auf Ebene der Städte oder Koalitionen wie »We Mean Business«, bei der Zivilgesellschaft und Wirtschaft ihre Kräfte im Kampf gegen die Klimakrise bündeln.

Besonders hervorzuheben ist die Idee der »Klimaclubs«. Darunter ist eine kleinere Gruppe von Staaten zu verstehen, die sich zusammenschließen, um ein besonderes Klimathema besser oder schneller als in der großen Gemeinschaft der Vereinten Nationen voranzutreiben. Dieses Konzept wurde von Deutschland aufgegriffen, das im Rahmen seines G7-Vorsitzes einen solchen Klimaclub ins Leben rief. Das Ziel ist dabei, unter den Teilnehmern die Dekarbonisierung von besonders »schmutzigen« Industrien wie Stahl und Zement zu forcieren. Dazu sollen gemeinsame Standards entwickelt und Märkte für grüne Industrieprodukte geschaffen werden. Sollte der Klimaclub es tatsächlich schaffen, globale Standards zur Bemessung der Emissionsintensität von Stahl und Zement zu etablieren, könnte das Interesse vieler Staaten an einer Mitgliedschaft in diesem Club in Zukunft deutlich steigen.[128] Zudem sollen – so die Absicht – Partnerschaften zwischen Industrie-, Schwellen- und Entwicklungsländern gefördert werden.

Das Konzept entspricht weniger einem kleinen, exklusiven Club, sondern vielmehr einem größeren clubartigen Forum, das möglichst vielen Ländern offenstehen soll. Anders als in der ursprünglichen Idee der Klimaclubs, die auf den Nobelpreisträger William Nordhaus zurückgeht, geht es weniger darum, die Mitglieder vor »Carbon Leakage« zu schützen, indem Han-

128 Scheid, Lukas, Scholz' Klimaclub: Was man erwarten kann und was nicht, Table.Briefings, 2.12.2023.

delsbarrieren für grüne Produkte zwischen den Mitgliedern des Clubs abgebaut werden. Der von Deutschland gegründete Klimaclub zeichnet sich vielmehr dadurch aus, dass – im Sinne der globalen Akzeptanz – auch Staaten des Globalen Südens teilnehmen können. Indonesien, Vanuatu, Kenia, Ägypten und Kolumbien sind beispielsweise schon dabei.

China zeigt sich angesichts der engen Verknüpfung des Klimaclubs mit den G7 und der OECD an einer Mitgliedschaft nicht interessiert. Damit fällt ein zusätzlicher Gesprächskanal mit China als dem weltgrößten Stahl- und Zementproduzenten weg. Indien zeigt sich an der gemeinsamen Entwicklung von Standards für die Bemessung von CO_2 in Produkten zwar interessiert, bislang hat es sich – als heiß umworbener Beitrittskandidat – dem Klimaclub aber noch nicht angeschlossen. Die Frage der Teilnahme oder Nichtteilnahme am Klimaclub ist damit hochpolitisch und stark von der geopolitischen Großwetterlage abhängig.

Ein innovativer Weg, um die Partnerschaften mit den Ländern des Globalen Südens zu vertiefen, sind auch die »Just Energy Transition Partnerships« (JET-Ps oder auf Deutsch: »Partnerschaften für eine gerechte Energiewende«). Als Partnerländer kommen Staaten mit großer Kohleindustrie und einem langfristigen Wirtschaftswachstum infrage. Das erste Abkommen wurde 2021 zwischen Südafrika auf der einen Seite und der EU, Frankreich, Deutschland, Großbritannien und den USA auf der anderen Seite abgeschlossen. Das erklärte Ziel dieser Initiative ist es, Südafrika beim Kohleausstieg zu unterstützen. Dafür werden in einer ersten Phase 8,5 Milliarden US-Dollar zur Verfügung gestellt. Die Wahl fiel auf Südafrika, da das Land aufgrund seines kohleabhängigen Stromnetzes der größte CO_2-Emittent Afrikas ist. Die Stromversorgung Südafrikas, das sich aus der späten Phase der Apartheid entwickelt hat, ist chronisch krisengeplagt. Die Führung des ANC und viele zivilgesellschaftliche Organisationen in Südafrika engagieren sich zudem seit Langem in der globalen Klimapolitik.

In den offiziellen Dokumenten zu den JET-Ps ist in erster Linie davon die Rede, Klima- und Entwicklungsziele zu verknüpfen und zu zeigen, dass ein »klimaorientierter und sozial wie geschlechtergerecht ausgestalteter Strukturwandel eine Gesellschaft voranbringt«.[129] Trotz dieser »besten Absichten« ist nicht zu verleugnen, dass zum Zeitpunkt der Erfindung dieser Energiepartnerschaften die Beziehungen zwischen China und dem Westen sehr angespannt waren. Die geopolitische Herausforderung durch China war vor diesem Hintergrund sicherlich ein zentrales Motiv. Schon seit einiger Zeit sind die EU und die USA sehr besorgt über den wachsenden politischen Einfluss Chinas im Globalen Süden. Auch wenn es nicht direkt ausgesprochen wurde, ist die Klimafinanzierung mithilfe der JET-Ps in den Augen des Westens damit ein Gegenangebot zur »Neuen Seidenstraße« Chinas.[130] In der Zwischenzeit wurden bereits weitere Energiepartnerschaften mit den Schwellenländern Indonesien, Vietnam und Senegal abgeschlossen. Die Durchführung gestaltet sich in der Praxis bislang hürdenreich – insofern bleibt es abzuwarten, ob die EU und die USA ihre klima- und geopolitischen Zwillingsziele auch erreichen werden können.

All diese Beispiele legen den Befund nahe, dass die Zeiten der Grand Designs in der globalen Klimapolitik für die nähere Zukunft vorbei sind. Anstelle der großen globalen Lösungen

---

129 Bundesministerium für wirtschaftliche Zusammenarbeit und Entwicklung, Klima- und Entwicklungspartnerschaften, https://www.bmz.de/de/themen/klimawandel-und-entwicklung/klima-und-entwicklungspartnerschaften.

130 Tooze, Adam, JET-P: The »Paper Tigers« of Western Climate Geopolitics, Chartbook 267, 22.2.2024.

für alle tritt eine neue Unübersichtlichkeit. Neben der traditionellen Ebene von Klimaverhandlungen im Rahmen der Vereinten Nationen wächst eine Vielzahl an neuen Initiativen und Projekten. Manchen geht es dabei mehr um die Sache des Klimaschutzes, anderen mehr um den dadurch zu gewinnenden politischen Einfluss. Was sie allerdings verbindet, ist das Verschwimmen der zugrunde liegenden Motivation. Wir haben es mehr und mehr mit einem Amalgam aus Klima- und Geopolitik zu tun. Mit der Zuspitzung der Klimakrise und den Anstrengungen der Staatengemeinschaft, sie unter Kontrolle zu bringen, öffnet sich ein neues und zugleich hochkomplexes, weil sich mit traditioneller Machtpolitik verschränkendes Aufgabenfeld für die internationale Diplomatie.[131] Dazu kommt – wie ich im nächsten Kapitel ausführen werde –, dass die internationale Sicherheit durch die Klimakrise selbst bedroht ist.

131 Fischer, Joschka, Zeitenbruch.

25
DIE KLIMAKRISE ALS BRANDBESCHLEUNIGER

Nicht nur die Energiewende hat weitreichende geopolitische Folgen. Die Klimakrise selbst wirkt wie ein Brandbeschleuniger, der bestehende Konflikte verschärft und neue Risiken schafft. Um es mit den Worten des französischen Philosophen Bruno Latour auszudrücken: »Ökologische Herausforderungen vertiefen, komplizieren, erweitern und intensivieren eindeutig die klassischsten *geopolitischen* Fragen.«[132]

Der Einfluss von Klima- und Umweltfaktoren auf politische Ereignisse hat in den letzten Jahren in der Forschung einen neuen Stellenwert bekommen. Naturwissenschaftliche Erkenntnisse legen mittlerweile nahe, dass das Ende des »Klimaoptimums« zwischen dem zweiten und dem fünften Jahrhundert unserer Zeitrechnung zum Untergang des Römischen Reiches beigetragen hat. Der Ausbruch des Vulkans Tambora in Indonesien im Jahr 1815 und die damit einhergehende Verbreitung von Asche und Schwefeldioxid führten zu dramatischen Veränderungen der Wetterbedingungen in Europa. Laut einer Rekonstruktion durch Vulkanologen, Meteorologen und Historiker musste Napoleon bei der nur zwei Monate nach dem Vulkanausbruch stattfindenden Schlacht bei Waterloo seinen Angriff aufgrund der starken Regenfälle verzögern. Dies führte dazu, dass die preußischen Truppen

132 Latour, Bruno, Zur Entstehung einer ökologischen Klasse.

noch rechtzeitig das Schlachtfeld erreichen konnten, wodurch die alliierten Truppen unter General Wellington einen knappen Sieg erzielen konnten – und so maßgeblich der Ausgang dieser für den Verlauf des 19. Jahrhunderts prägenden Schlacht beeinflusst wurde.[133]

Heute ist es so, dass sich Klimakrise und Geopolitik gegenseitig aufheizen. Rekordtemperaturen, der steigende Meeresspiegel, Wetterextreme und sich verschiebende klimatische Zonen führen zu dramatischen Änderungen unserer Lebensgrundlagen. Häufig kommen politische, wirtschaftliche und soziale Probleme dazu. In einer derartigen Konstellation kann die Klimakrise zu einem Katalysator für Konflikte werden und bestehende Spannungen weiter verschärfen.

Die konkreten Bedrohungen durch den Wandel des Klimas sind dabei schwierig zu identifizieren, da die Reaktionen der Umwelt auf eine sich erwärmende Atmosphäre in der Regel lange dauern. Es handelt sich dabei um ein komplexes Zusammenspiel: Einerseits gibt es Situationen, in denen schon kleine Veränderungen des Klimas zu tödlichen Konflikten führen, andererseits gibt es Fälle, in denen größere klimatische Sprünge keinerlei Auseinandersetzungen auslösen. Mittlerweile gilt es aber als unbestritten, dass die Klimakrise als Multiplikator für Konflikte wirkt. Wasserknappheit, der Verlust landwirtschaftlicher Erträge und der Kampf um Ressourcen werden dadurch genauso ausgelöst wie Migrationsbewegungen. Die wissenschaftlichen Daten legen nahe, dass bei jeder Erwärmung der lokalen Temperatur um ein halbes Grad die Wahrscheinlichkeit für bewaffnete Konflikte um mindestens zehn

133 Petraeus, David; McAleenan, Benedict, Climate Change as a Growing Force in Geopolitics, in: The geopolitics of climate change, Policy Exchange, 2021, 8–17.

bis 20 Prozent steigt.[134] Erschwerend kommt hinzu, dass gerade die weltweit fragilsten Staaten am meisten durch klimatische Veränderungen gefährdet sind. Diese Staaten sind dann doppelt gefordert, Konflikte und Instabilität verringern zudem die Fähigkeit, sich an die klimatischen Veränderungen anzupassen.

Ein bekanntes Beispiel für die Auswirkungen der Klimakrise auf die Entstehung von Konflikten ist der Bürgerkrieg in Syrien ab dem Jahr 2011. In Syrien führten Dürren – die durch die Klimakrise sehr viel wahrscheinlicher geworden sind – zu großen Ernteeinbrüchen bei den Landwirten. Als Folge dieser länger anhaltenden Dürren kam es zu einer Landflucht in die ärmeren Randgebiete der großen syrischen Städte, wo bereits Flüchtlinge aus dem Irak in den Jahren davor für starken Zustrom gesorgt hatten. So wuchs Syriens städtische Bevölkerung in den Jahren vor dem Bürgerkrieg um mehr als 50 Prozent. Zudem wurde die syrische Bevölkerung durch das Ansteigen der Brotpreise hart getroffen, wodurch das Potenzial für Konflikte schon vor dem Arabischen Frühling hoch war.[135] Ausbruch und Verlauf des Krieges lassen sich selbstverständlich nicht auf diese sozioökonomischen oder klimatischen Faktoren zurückführen. Das würde der komplexen politischen Situation in der Region und der Rolle des Assad-Regimes nicht gerecht werden. Es lässt sich aber sagen, dass klimatische Veränderungen den Krieg zumindest angestachelt haben.

Im Falle des Tschad-Sees, des einst größten Sees Afrikas mit den Anrainerstaaten Nigeria, Niger, Kamerun und Tschad, haben der Klimawandel sowie eine wenig nachhaltige Bewirtschaftung zu einem dramatischen Rückgang des Wassers

---

134 Malley, Robert, Climate Change is Shaping the Future of Conflict, International Crisis Group, 22.4.2020.

135 Lukas, Stefan, Ein unterschätzter Brandbeschleuniger: Die sicherheitspolitischen Folgen des Klimawandels am Beispiel des Nahen und Mittleren Ostens, Bundesakademie für Sicherheitspolitik, März 2020.

geführt. Fischerei und Landwirtschaft sind infolgedessen als Einkommensquellen weggefallen. Die Instabilität in einer ohnehin schon schwierigen Region wuchs, was es für terroristische Gruppen wiederum einfacher machte, junge Männer für die eigenen Zwecke zu rekrutieren.[136]

Auch Migration, Flucht und Vertreibung gehen immer öfter auf die Folgen der Klimakrise zurück. Allein im Jahr 2020 mussten 30 Millionen Menschen wegen extremen Wetterereignissen ihre Heimat verlassen. Die Zahl und Zerstörungskraft dieser Ereignisse wird allen Prognosen zufolge weiter ansteigen. Daneben ist Migration oft auch auf langsam eintretende Veränderungen der Umwelt zurückzuführen, durch die die Lebensgrundlagen zerstört werden. Dazu gehört beispielsweise die Versalzung landwirtschaftlicher Flächen infolge des Anstiegs des Meeresspiegels oder eine Veränderung der Niederschlagsmuster. Der pazifische Inselstaat Kiribati wird aller Voraussicht nach in den nächsten Jahrzehnten nicht mehr bewohnbar sein und langsam vom ansteigenden Meer überflutet werden.[137]

Der größte Teil dieser unfreiwilligen Wanderungsbewegungen findet innerhalb von Staaten statt. Modellen der Weltbank zufolge könnten bis zur Mitte des Jahrhunderts die Binnenvertreibungen infolge des Klimawandels auf bis zu 218 Millionen Menschen ansteigen. Dieser Anstieg wird voraussichtlich nicht linear erfolgen, sondern vielmehr sprunghaft, wenn bestimmte Kipppunkte erreicht werden. Entwicklungsländer und kleine Inselstaaten sind dabei am stärksten betroffen. Es ist aber davon auszugehen, dass auch der Migrationsdruck nach Europa im

136 Dröge, Susanne, Klimawandel als Sicherheitsproblem, SWP-Aktuell 49, September 2018.

137 Biehler, Nadine et al., Flucht und Migration in den internationalen Klimaverhandlungen, SWP-Aktuell 60, November 2023.

Laufe der nächsten Jahrzehnte zunehmen wird – schließlich ist Migration eine Anpassungsstrategie in einer heißer werdenden Welt. Angesichts der polarisierten Diskussion in Europa wird es eine große Zukunftsaufgabe, diese klimabedingte Migration aktiv zu gestalten.

Wir stehen derzeit weltweit gesehen bei einer Erhitzung von etwas über ein Grad Celsius. Bereits jetzt sehen wir deutlich wachsende Gefahren für die internationale Sicherheit, die mit der Klimakrise Hand in Hand gehen. In diesem Sinne ist es nur realistisch, darauf hinzuweisen, dass in einer zwei oder gar drei Grad heißeren Welt das internationale Gefüge radikal anders aussehen wird, als wir es gewohnt sind. Was wir derzeit erleben, ist ein Vorgeschmack auf das, was uns noch bevorsteht. Das betrifft sowohl mögliche neue Konflikte zwischen den Staaten, aber auch solche innerhalb staatlicher Grenzen. Trotzdem unterschätzen viele Regierungen die Auswirkungen der Klimakrise auf ihre Sicherheit nach wie vor. Selbst nachdem sie vom Ausbruch der Pandemie auf dem falschen Fuß erwischt worden sind, werden viele Risiken erneut falsch eingeschätzt. Dies mag daran liegen, dass sich die neuen Bedrohungen von den gewohnten Risiken unterscheiden.

Um den neuen Herausforderungen gerecht zu werden, ist ein politisches Umdenken erforderlich. Die Folgen der Klimakrise müssen noch viel stärker in die Außen- und Sicherheitspolitik einbezogen werden. Es reicht nicht mehr aus, Sicherheit ausschließlich durch die traditionelle politische oder militärische Brille zu betrachten, ökologische Stabilität und menschliche Sicherheit müssen mitgedacht werden.

26
EUROPÄISCHE KLIMAAUSSENPOLITIK IN EINER UNBEQUEMEN WELT

Europa muss sich darauf einstellen, dass die Zeiten unruhig bleiben. In der ersten Sicherheitsstrategie der EU aus dem Jahr 2003 hieß es noch: »Nie zuvor ist Europa so wohlhabend, so sicher und so frei gewesen. Die Gewalt der ersten Hälfte des 20. Jahrhunderts ist einer in der europäischen Geschichte beispiellosen Periode des Friedens und der Stabilität gewichen.« Der Kontrast zum »Strategischen Kompass« der EU, der im März 2022 fertiggestellt wurde, könnte größer nicht sein. In diesem neuen Strategiedokument wird ein düsteres Bild gemalt: »Die Rückkehr des Krieges nach Europa durch die grundlose und ungerechtfertigte Aggression Russlands gegen die Ukraine sowie große geopolitische Veränderungen stellen eine Herausforderung für unsere Fähigkeit dar, unsere Vision zu verbreiten und unsere Interessen zu verteidigen. Wir leben in einer Zeit des strategischen Wettbewerbs und komplexer Sicherheitsbedrohungen. Wir leben in einer Welt, die von roher Machtpolitik geprägt ist, wo alles instrumentalisiert wird und wo wir einem heftigen Kampf der Narrative gegenüberstehen.« Der Befund ist demnach eindeutig: Die liberale, regelbasierte Ordnung ist verblasst, die Geopolitik ist zurückgekehrt – und die Welt damit unbequemer geworden.

Was folgt daraus für die Gestaltung einer zeitgemäßen europäischen Klima- und Energiediplomatie? In einem ersten Schritt geht es darum, sich mental auf die veränderte Situation einzustellen und der Tatsache ins Auge zu blicken, dass Klimaaußenpolitik – wie alle anderen Bereiche der Außen- und Sicherheitspolitik – in einer Arena des internationalen Systemwettbewerbs stattfindet. Auch wenn sich viele Europäerinnen und Europäer nach der übersichtlicheren Vergangenheit sehnen mögen, gilt es zweierlei anzuerkennen: dass die internationale Politik von Konflikten bestimmt bleiben wird und dass unser Planet – zumindest in den nächsten Jahren – heißer werden wird. Davor die Augen zu verschließen, käme einer Realitätsverweigerung gleich.

Darüber hinaus müssen wir die Dynamik aus Konflikt und Erderhitzung aber nicht nur akzeptieren, sondern auch verstehen. Dazu gehört ein besseres Verständnis für die globalen Auswirkungen der Klimakrise und die sich verschiebenden Ressourcenflüsse. Das ist eine gesellschaftliche Aufgabe, die viel zu lange vernachlässigt worden ist. Aber auch bei Entscheidungsträgerinnen und -trägern in Politik, Wirtschaft, Verwaltung und Medien gibt es beim Verstehen klimapolitischer Zusammenhänge noch viel Luft nach oben.

Dreh- und Angelpunkt ist es, Klimaschutz zum neuen Imperativ der Außenpolitik zu machen.[138] Die politischen Folgen der Klimakrise sind bekanntermaßen gravierend und werden gerne auf internationalen Konferenzen beschworen – und doch mangelt es nach wie vor an der Weitsicht, Klima- und Umweltpolitik konsequent in das politische und wirtschaftliche Außenhandeln einzuflechten. Eine solche Integration der verschiedenen Politikfelder geht am besten mithilfe einer Strategie, die auf das Pariser Klimaübereinkommen abgestimmt ist und die darauf abzielt, Klimapolitik, Energiesicherheit, Außenwirtschaft und Entwicklungszusammenarbeit zusammen-

138 Maas, Heiko et al., Es ist eine globale Kraftanstrengung, Zeit online, 4.6. 2019.

zuführen. In einer solchen Strategie sollten die Risiken durch die Klimakrise als höchste Priorität behandelt werden und in den Mittelpunkt einer präventiven europäischen Außen- und Sicherheitspolitik rücken. Das ermöglicht es, die geopolitischen Auswirkungen von Erderhitzung und der Energiewende besser zu handhaben. Denn diese neuen Verwerfungen werden sich nicht durch eine »unsichtbare Hand« selbst regeln, es gilt sie vielmehr zu managen – und zwar auch von staatlicher Seite. Gerade mit den Exportstaaten fossiler Energie braucht es in den nächsten Jahren einen intensiven Dialog, um ihre Wirtschaft schrittweise umbauen zu können und den zunehmenden Gefahren für Krisen und Instabilität vorzubeugen.

Gleichzeitig bringen die erneuerbaren Technologien ihre eigenen Abhängigkeiten von anderen Weltgegenden mit sich. Dieses härter werdende Powerplay erfordert für Europa eine neue Art der Energiediplomatie. Wie an der von Russland ausgelösten Energiekrise sichtbar wurde, steht dabei viel auf dem Spiel. Angesichts dieser Tragweite sollte der Zukunft der europäischen Energieversorgung ähnlich viel politische Aufmerksamkeit geschenkt werden wie in der Vergangenheit der Rettung des Euro, dem Management der Migrationskrise und dem Umgang mit der Covid-19-Pandemie. Das kann nur gelingen, wenn die EU die Macht und Ressourcen der klassischen Diplomatie (traditionell das Gebiet der EU-Mitgliedstaaten) mit den regulatorischen und finanziellen Mitteln der europäischen Industrie- und Energiepolitik (eine Brüsseler Domäne) kombiniert. Obwohl diese beiden Welten lange Zeit getrennt waren, verschweißen geopolitische Dynamiken und technologische Veränderungen sie nun miteinander.[139] Dabei sollte nicht darauf vergessen werden, dass Geopolitik zu Hause

139 Van de Graaf, Thijs et al., Energy Diplomacy.

beginnt. Nur mit einer zügigen Umsetzung des Green Deals wird die EU über die nötige Glaubwürdigkeit im Rest der Welt verfügen. Europa wird mehr denn je eigene Antworten finden müssen. Wenn dies gelingt, wird der Kontinent deutlich weniger abhängig von Energieeinfuhren werden, als dies jemals seit dem Ende des Zweiten Weltkriegs der Fall war – eine langfristig nicht zu unterschätzende Leistung.

Daneben gilt es aber auch, nicht auf die alten Stärken zu vergessen. Multilateralismus ist und bleibt ein wichtiges Instrument im EU-Werkzeugkasten für mehr Klimaschutz. Die Zusammenarbeit mit und durch internationale Institutionen liegt in der europäischen DNA. Ohne dabei blauäugig zu sein, ist es gerade im strategischen Interesse Europas, den Niedergang des Multilateralismus aufzuhalten und zu zeigen, dass die internationale Zusammenarbeit trotz der Spannungen zwischen den Großmächten immer wieder einen globalen Konsens erzielen kann. Schon in der Vergangenheit war die EU darin erfolgreich, die globale Klimaagenda voranzutreiben, von der Einigung auf die Klimarahmenkonvention der Vereinten Nationen Anfang der neunziger Jahre bis zum Pariser Klimaübereinkommen mehr als 20 Jahre später. Insbesondere seit dem Scheitern von Kopenhagen hat die EU verstanden, dass ihre Klimapolitik nur erfolgreich ist, wenn sie breite Koalitionen mit Partnern aus dem Globalen Süden schmiedet. Auch wenn zählbare Fortschritte im Rahmen der Klimarahmenkonvention der Vereinten Nationen schwierig zu erzielen sind, genießt dieser Prozess nach wie vor die höchste Legitimität, um einem globalen Problem wie der Klimakrise zu begegnen. Allein deswegen muss die EU weiterhin erhebliche diplomatische Ressourcen in einen gut funktionierenden Multilateralismus investieren.

Neben den internationalen Klimaforen wird es in Zukunft immer wichtiger, bi- und multilaterale Klimaprogramme voranzutreiben, die nicht von Einigungen im Rahmen der Vereinten Nationen abhängig sind. Die EU muss hier ein attraktives und glaubwürdiges Angebot an Schwellen- und Entwicklungsländer machen, das sich auf erschwingliche und klimafreundliche Technologien konzentriert und die Befürchtungen dieser Länder zerstreut, dass sie inmitten eines globalen Subventionswettlaufs zwischen der EU, den USA und China unter die Räder geraten werden. Dazu gehört auch der Aufbau lokaler Wertschöpfung in den Ländern des Globalen Südens, die beispielsweise bei kritischen Rohstoffen über die ersten Stufen der Verarbeitung hinausgeht. Auf diese Weise kann die EU robustere Lieferketten aufbauen, die für die Energiewende nötig sind, und eine wirtschaftliche Grundlage schaffen, dass sich Partnerländer aus ihrer fossilen Abhängigkeit lösen. Gerade die am stärksten von der Erderhitzung betroffenen Staaten verlassen sich darauf, dass sie die EU politisch und finanziell unterstützt.

Die EU sollte Klimafinanzierung und die gemeinsame Entwicklung in geopolitischen Zusammenhängen betrachten und als einen Weg sehen, um dem Einfluss von Mächten wie China oder Russland entgegenzuwirken. Dieser Zugang hat das Potenzial, als Brücke zu jenen Staaten zu dienen, mit denen sich die Zusammenarbeit in anderen Bereichen als schwierig gestaltet. Klimadiplomatie ist gerade mit jenen Staaten umso nötiger, die nicht alle unsere Werte teilen. Aus diesem Engagement können sich Chancen ergeben, die Beziehungen zu diesen Staaten über den Klimabereich hinaus zu vertiefen und damit die Partnerschaften insgesamt zu stärken. Das Ziel der Union muss es sein, in Sach- und Interessensfragen in Form von Koalitionen zu handeln und selbstbewusst die eigene Stärke als Kontinent des Friedens und des Ausgleichs – diese europäische Smart Power – auszuspielen. Es wird an Europa liegen, in dieser unbequemeren Welt konkurrierender politischer Systeme eine demokratische Alternative zu den autoritären Tendenzen zu bieten. Die EU ist trotz der Komplexität der internationalen Beziehungen in einer guten Position, um angemessene Antworten zu finden. Da die Politiker Europas »Teil einer Vereinigung ungleicher, vielfältiger und oft zerstrittener Staaten sind, haben sie schon qua Amt genügend Erfahrung im Umgang mit Komplexität und sind sich der Kunst des Kompromisses und der Diplomatie bewusst«.[140]

Klimaaußenpolitik ist ihrem Status als Nischenthema mittlerweile entwachsen. Dies spiegelt die Bedeutung der Klimapolitik als das zentrale Handlungsfeld im 21. Jahrhundert wider. In dem Maße, in dem die Klimakrise alles andere überlagern wird, wird sie zu einem immer wichtigeren Eckpfeiler der Außenpolitik werden.

140 Islam, Shada, Das Ende der Doppelmoral.

AUSBLICK: EUROPE FOR FUTURE

Europa steht allein, das stimmt, aber Europa allein ist in der Lage, den Faden seiner eigenen Geschichte wieder aufzunehmen.

BRUNO LATOUR

Ein finanzieller Bankrott, schrieb Ernest Hemingway in seinem Roman »Fiesta«, könne sich auf zwei Arten abspielen: erst allmählich, dann plötzlich. Einiges spricht dafür, dass es in der Klimapolitik ähnlich verlaufen könnte. Ein äußerst langsames Hochfahren von Klimaschutzmaßnahmen, geprägt von Halbherzigkeit und Verzögerungen, das schließlich Fahrt aufnimmt, bis es nicht mehr aufzuhalten ist. Gerade durch das Erreichen sozialer Kipppunkte ist es möglich, dass Fortschritte schneller eintreten als angenommen. Diese Kipppunkte führen dazu, dass sich Prozesse selbst verstärken und unumkehrbar werden und so innerhalb einer kurzen Zeitspanne tiefgreifende gesellschaftliche Veränderungen passieren. Diese sozialen Kipppunkte mögen noch nicht erreicht sein – und doch sind wir dabei, unser europäisches Schiff umzubauen, während wir auf Hoher See sind. Die Lage ist so, dass wir zwar den Ausgangspunkt dieser Reise kennen, aber noch kein klares Bild über den Endpunkt vor Augen haben. Wir wissen über den ungefähren Weg in Richtung Klimaneutralität Bescheid und haben ein Datum festgelegt, wann dieses Ziel erreicht werden soll – wir kennen aber nicht die Hindernisse, die noch vor uns liegen und wissen nicht, wie lange der Übergang tatsächlich dauern wird.

Um im Bild zu bleiben: Wir können nur vermuten, wie rau die internationalen Gewässer noch werden, durch die unser europäisches Schiff navigiert werden muss. Die Welt wird sich aufgrund der Klimakrise in den nächsten Jahrzehnten tiefgehend verändern. Das bedeutet, dass wir unser Konzept der Weltpolitik um einen entscheidenden neuen Spieler erweitern müssen. So wie es zum Selbstverständnis des modernen Menschen gehört, die Kontrolle über die Natur zu erlangen und sie so weit wie möglich zu beherrschen, müssen wir nun erkennen, dass die Natur künftig der entscheidende Spieler sein wird. Spätestens die Klimakrise zwingt uns zur Einsicht, dass sich die Natur nicht unterwerfen lässt. Sie zeigt uns, welche Auswirkungen die Zerstörung unserer Lebensgrundlagen auf unsere Gesellschaften und auf internationalen Beziehungen hat.

Gleichzeitig wird eine »Welt im Aufruhr« auf die Klimapolitik selbst zurückwirken. So hat Russlands Krieg in der Ukraine die grüne Wende in Europa letztendlich vorangetrieben und dem Umstieg auf erneuerbare Energien eine zusätzliche Dringlichkeit verliehen. Denn neben einem Kampf um Territorien geht es in diesem Krieg unter der Oberfläche auch um Fragen der Abhängigkeit von fossiler Energie. Dieser Krieg hat auch dazu geführt, dass die Zeit, in der die Versorgung mit Energie in Europa für selbstverständlich genommen wurde und der Strom quasi aus der Steckdose kam, ein für alle Mal vorbei ist. Gleichzeitig wird die Art und Weise, wie dieser Krieg ausgeht, auch darüber Auskunft geben, wie Europas post-fossile Zukunft aussehen wird.

Die Klimakrise hat mittlerweile im öffentlichen Bewusstsein einen fixen Platz eingenommen. Die Menschen fühlen sich von den immer stärkeren klimatischen Veränderungen betroffen und sehr viele wollen ihren Beitrag für ein besseres Morgen leisten. Das alles hat dazu geführt, dass die zentrale Frage mittlerweile nicht mehr lautet, ob die Klima- und Energiewende kommt, sondern wie rasch sie kommt. Kommt sie gemächlich und damit zu spät? Oder kommt sie schnell genug, bis zur Mitte des Jahrhunderts? Damit hat sich auch für Europa die Frage gewandelt. Sie lautet nunmehr: Wer setzt sich im globalen Wettrennen an die Spitze der Veränderung? Wer profitiert am meisten von den neuen sozialen, technologischen und wirtschaftlichen Entwicklungen? Ist Europa unter jenen, die schnell genug handeln und eine nicht aufzuhaltende Dynamik entfachen, oder hinkt man nach und fügt sich den neuen Spielregeln, die anderswo formuliert werden? Auch für Europa entscheidet sich der Erfolg nicht allein am »ob«, sondern auch am »wie schnell«.

Mit dem Green Deal der EU liegt eine europäische Antwort auf diese drängendste Frage unserer Zeit auf dem Tisch. Dabei geht es um weit mehr als Klimapolitik. Der Green Deal umfasst alle Bereiche unserer Gesellschaft, von Wirtschaft und Industrie bis zu Finanzwesen und technologischer Innovation und nicht zuletzt der Außen- und Sicherheitspolitik. Europas zukünftiger Wohlstand und seine Rolle in einer unbequemeren Welt werden von der erfolgreichen Umsetzung abhängen. Damit Hand in Hand geht die Einsicht, dass es für Europa im 21. Jahrhundert etwas anderes heißt, eine Führungsmacht zu sein, als früher. Denn nicht allein in der traditionellen Machtpolitik hat sich eine Führungsmacht zu beweisen, sondern in der Verantwortung für unseren Planeten. Die Einsätze sind jedenfalls hoch.

Dieses Buch hat den Versuch unternommen, diese gewaltigen Umbrüche gleichzeitig durch die Perspektive der Klimapolitik und der Geopolitik zu betrachten. Diese doppelte Betrachtungsweise soll nichts an der Dringlichkeit der Klimakrise relativieren – ganz im Gegenteil. Es soll vielmehr einen Ausweg zur herrschenden Individualisierungs- und Provinzialisierungsfalle in der aktuellen Klimadiskussion bieten. Ähnlich einer VR-Brille, die mit zwei Bildschirmen das echte Sehen simuliert, soll durch die zusätzliche geopolitische Brille der Blickwinkel auf die internationale Dimension der Klimakrise – mit allen ihren Fallstricken und all ihren Hebeln – geweitet werden.

Auch wenn es in den Mühlen der Tagespolitik und des 24/7-Nachrichtenzyklus allzu schnell in den Hintergrund gerät, wird die Eindämmung der Klimakrise in den nächsten Jahrzehnten alles andere überlagern. Die Zeit arbeitet dabei gegen uns. Es ist die Aufgabe der heutigen politischen Generation, das Blatt zu wenden.

LITERATUR

Fischer, Joschka, Zeitenbruch. Klimawandel und die Neuausrichtung der Weltpolitik, Kiepenheuer & Witsch, 2022

Kemfert, Claudia, Schockwellen. Letzte Chance für sichere Energien und Frieden, Campus, 2023

Latour, Bruno, Das terrestrische Manifest, Suhrkamp Verlag, 2018

Masala, Carlo, Warum die Welt keinen Frieden findet, Brandstätter Verlag, 2024

Mishra, Pankaj, Das Zeitalter des Zorns, S. Fischer, 2017

Münkler, Herfried, Welt im Aufruhr. Die Ordnung der Mächte im 21. Jahrhundert, Rowohlt Berlin, 2023

Petritsch, Wolfgang, Epochenwechsel. Unser digital-autoritäres Jahrhundert, Brandstätter Verlag, 2023

Richter, Hedwig und Ulrich, Bernd, Demokratie und Revolution, Wege aus der selbstverschuldeten ökologischen Unmündigkeit, KiWi, 2024

Robinson, Kim Stanley, The Ministry of the Future: A Novel, Orbit, 2020

Schaible, Jonas, Demokratie im Feuer. Warum wird die Freiheit nur bewahren, wenn wir das Klima retten – und umgekehrt, Deutsche Verlags-Anstalt, 2023

Sharpe, Simon, Five Times Faster. Rethinking the science, economics, and diplomacy of climate change, Cambridge, 2023

Tocci, Natalie, A Green and Global Europe, Polity, 2022

Wallace-Wells, David, Die unbewohnbare Erde, Ludwig Verlag, 2019

WWF Österreich, Die Verbündete unseres Klimas: Die Rolle der Natur im Sechsten IPCC-Sachstandsbericht, 2023

Foto © Paul Feuersänger

Thomas Zehetner, geboren 1978, studierte internationale Beziehungen am King's College London und promovierte an der Universität Wien zur Außenpolitik der EU. Er war Klimasprecher des WWF Österreich, wo er sich für Klimaschutz und Energiewende auf nationaler und internationaler Ebene einsetzte. Zehetner war im österreichischen Außenministerium für internationale Energiepolitik zuständig sowie außen- und europapolitischer Berater im Bundeskanzleramt. Er ist als Diplomat tätig, hält regelmäßig Vorträge und verfasst Kommentare zur aktuellen Klima- und Energiepolitik.